世界文明进程百科全书 01

最感动世界的 100 位 音乐大师

李晗 —— 编著

武汉出版社

(鄂)新登字 08 号

图书在版编目(CIP)数据

最感动世界的100位音乐大师 / 李晗编著.—武汉：武汉出版社，2008.11
ISBN 978-7-5430-4064-9
Ⅰ.最… Ⅱ.李… Ⅲ.音乐家－生平事迹－世界 Ⅳ.K815.76

中国版本图书馆CIP数据核字(2008)第173505号

书　　名：最感动世界的100位音乐大师

编　　著：李　晗
责任编辑：廖国放
封面设计：荆棘设计
出　　版：武汉出版社
社　　址：武汉市江汉区新华下路103号　　　邮　编：430015
电　　话：(027)85606403　85600625
http://www.whcbs.com　　　E-mail:wuhanpress@126.com
印　　刷：小森印刷(北京)有限公司　　　经　销：新华书店
开　　本：720mm×1000mm　1/16
印　　张：12
版　　次：2008年11月第1版　2012年5月第2次印刷
印　　数：00001—10000册
定　　价：26.80元

版权所有　　侵权必究
如有质量问题，由承印厂负责调换。

Contents 目录

圣安普罗修斯	4
格里高利一世	5
马肖	6
帕莱斯特里纳	7
蒙特威尔第	10
杜费	12
格鲁克	13
杰苏阿尔多	16
帕海贝尔	18
库普兰	20
吕里	22
加布利埃里	23
维瓦尔第	24
拉摩	26
巴赫	28
斯卡拉蒂	30
亨德尔	32
泰勒曼	34
卡尔·巴赫	38
海顿	40
莫扎特	42
贝多芬	44
帕格尼尼	46
舒伯特	50
柏辽兹	52
老约翰·施特劳斯	54
门德尔松	56

目录 Contents

肖邦	58
舒曼	60
李斯特	62
瓦格纳	64
小约翰·施特劳斯	66
勃拉姆斯	68
马克斯·布鲁赫	70
多尼采蒂	71
柴可夫斯基	72
拉赫玛尼诺夫	74
威尔第	78
奥芬巴赫	80
比才	82
科萨科夫	84
亚纳切克	86
奥涅格	87
普契尼	88
卡尔·韦伯	92
鲍罗廷	94
史蒂芬·福斯特	95
罗西尼	96
格林卡	98
斯美塔那	100
圣·桑	102
穆索尔斯基	104
爱德华·埃尔加	105
德沃夏克	106
格里格	108

目录

福莱	110
西贝柳斯	112
拉尔夫·威廉斯	114
柯达伊	115
格什温	118
格罗菲	119
马勒	120
米约	122
勋伯格	123
苏萨	124
法雅	126
斯特拉文斯基	128
克莱斯勒	130
巴托克	132
霍尔斯特	133
普罗科菲耶夫	134
科普兰	136
肖斯塔科维奇	138
阿姆斯特朗	140
高大宜	142
魏尔	143
凯奇	144
布里顿	145
亨里克·谢林	146
布莱兹	147
彭德雷茨基	148
德彪西	152
拉威尔	154

斯托克豪斯	156
雷斯庇基	157
瓦雷兹	158
兴德密特	159
卡拉扬	162
索尔蒂	164
小泽征尔	166
祖宾·梅塔	168
赛萨尔·弗兰克	172
安东·布鲁克纳	173
韦伯恩	174
帕瓦罗蒂	175
鲁宾斯坦	176
梅纽因	177
多明戈	178
卡雷拉斯	179
安德鲁·韦伯	182

导读：
　　宗教音乐/2
　　文艺复兴时期的古典音乐/8
　　巴洛克音乐/14
　　严谨古典音乐/36
　　浪漫主义音乐/48
　　歌剧/76
　　民族乐派/90
　　二十世纪乐派/116
　　印象和表现主义乐派/150
　　交响乐和指挥家/160
　　器乐和声乐/170
　　现代歌舞剧/180

抹大拉的玛利亚在天使的帮助下升天
朱利奥·罗马诺作
约 1499—1546 年

宗教音乐

"你们要向耶和华唱新歌！都要向耶和华歌唱！要向耶和华歌唱，称颂他的名！天天传扬他的救恩！"

宗教音乐又称圣乐，在宗教仪式中占有重要地位。圣乐借音乐来表达对上帝的赞美、敬仰、信仰和祈求，同时也传达上帝给信仰者的启示。宗教音乐被认为是欧洲艺术音乐的源头，在18世纪之前，教会音乐曾长期是欧洲音乐的主流，而在中世纪，则更是占据统治地位。教会音乐历来以声乐为主，即没有固定节拍的单声调歌曲，原因在于歌词更有利于表达感情，如歌唱圣诗、朗诵圣经。

在欧洲启蒙思想家的眼中，中世纪被视为"黑暗的时代"。这一时期，战争频繁，社会缺乏一个强有力的政权统治，科技和生产力停滞不前，欧洲文明发展缓慢。但这却在无意间给教会提供了发展的契机，使其一跃而成为凌驾于国家和各种社会集团之上的组织，社会意识形态，甚至各种艺术和学术也都要为教会服务。借助于教会的特殊优势，教会音乐在中世纪取得不同寻常的发展，并逐渐渗透到欧洲不同国家和民族的音乐中。

最后的晚餐
迪尔克·鲍茨作
约 1514—1475 年

从格里高利的单声部音乐形态过渡到多声部音乐形态，是一个漫长的历史过程，同时也是中世纪音乐的重要特征。直到9世纪,宗教僧侣在格里高利圣咏单线旋律的上方或下方,加上新的声部,与原旋律平行四度或五度进行,使两者构成一个简单的"复音",这就是欧洲最早的"复音"形式——奥尔加农。任何规则一旦被打破,便会引发一系列的变革,对于音乐也是如此。随着"复音"的诞生,二部和声、三部和声相继出现,至12~13世纪,巴黎圣母院的作曲家们开始尝试将多个声部联合起来创作,并且增强了各声部的独立性。这使格里高利圣咏的旋律退出主要舞台,成为复杂旋律中的组成部分,随之,声部之间的对位法也被完成,复调音乐正式诞生。

圣母领报
弗拉·安杰利科作
意大利·约1387—1455年

中世纪教会对音乐的另外一项重大贡献,是发明了谱写音乐的线谱。中世纪时,意大利的僧侣在抄写乐谱时,为了整齐美观顺手加上一条线,就是这偶然的一条线引发了五线谱的诞生。据史料记载,在10世纪之前,代表固定音高F的线已经出现,并用红色表示出来,此后,代表固定音高C的线也被运用。11世纪,意大利僧侣音乐家阿雷佐率先将线加为4条,并规定了其音高,至此,线谱诞生,被视为五线谱的前身。15世纪,五线谱正式确立。

可以毫不夸张地说,中世纪教会对欧洲音乐的影响是前所未有的,欧洲历史上没有哪一时期能与之相媲美。从全部的音乐理论到记谱法;从合唱到合奏;从键盘乐器的兴起到其教授方法,无一能与教会脱离关系。在中世纪及其以后的许多世纪里,无以数计的音乐家为宗教活动创造了大量颂歌、赞美诗、弥撒曲、清唱剧等题材多样的宗教音乐。

18世纪启蒙运动后,音乐逐渐向世俗化迈进,但教会音乐仍然占有重要位置,人们仍然可以看到很多优秀的宗教音乐面世。即使在今天,很多以世俗内容为主的交响诗和歌剧,也与中世纪的教会有着割舍不断的联系。

圣母诞生
多梅尼克·基尔兰达作
约1449—1494

唱歌赞美上帝是基督教宗教仪式的重要组成部分，所伴奏的乐器有琴、瑟、钹、号角等，但是在中世纪的基督教会中，除管风琴外，一切乐器都被禁止使用，只有单声部、自由节奏的无伴奏素歌是合法的教会歌曲。

圣安普罗修斯

Ambrosius 340-397

中世纪圣诗集中的插图，描述了演奏宗教音乐的场景，当时的宗教礼拜中已经加入了器乐和声乐。

在悠扬悦耳的圣乐伴奏下，虔诚的基督教徒齐唱圣歌，他们用音乐和诗歌来表达对耶稣的感恩和崇拜。人类的精神信仰从远古的混沌时期就已出现，而音乐从产生的那一刹那开始，就与宗教有着千丝万缕的联系，并逐渐成为人类传播心灵信仰的重要手段之一。

在源远流长的教会音乐历史中，圣安普罗修斯占有极为突出的地位。他是罗马学者和传教士，教会音乐的先驱。关于他的具体生平，我们已经很难详细地查证，我们所知道的只有以下内容：他曾在罗马求学，后来任米兰的大主教，并在任职期间很好地发挥了其音乐才能。

圣安普罗修斯的最大贡献在于他搜集了许多教会赞美诗，并对其进行了细致的整理，在保证原来风格的同时，制定了四种教会调式音乐，并创造了一唱一答的"对唱"的形式，即圣安普罗修斯圣咏。这大大丰富了当时教会音乐的内容，也对后来教会音乐的发展产生了重要影响。

此外，圣安普罗修斯还把整理出来的歌曲按照季节进行分类，对每年节日所唱的歌曲进行规划。这种带有宗教施惠性质的分类，不仅充分发展了赞美诗，也是对赞美诗最好的继承。

但这位伟大的音乐前辈，绝不仅是因为对赞美诗的贡献而为世人称道，直到今天，他自己创作的教会音乐《神啊，崇拜你》依然拥有神圣的光环，一如他本人。

格里高利一世
Gregorian Chant　540-604

早在古罗马时期，君士坦丁大帝为了宣传基督教，就把音乐作为传播信仰的工具，纳入了礼拜仪式。在基督教和犹太教的抗衡中，一个庞大的拉丁圣歌体系逐渐建立起来，生活在4世纪的圣奥古斯丁曾这样赞誉教会音乐："这种音韵透进我的耳根，真理便随之滋润我的心田。鼓动诚挚的情绪，虽是泪盈两颊，而此心觉得畅然。"由于宗教各派别的礼拜仪式和仪式音乐各不相同，教会音乐的发展逐渐产生了分歧。

在这一时期，教皇格里高利一世无疑是一个重要的人物，他设立了世界上最早的教授圣咏的学校之一。在改编基督圣咏的歌曲上，格雷戈利一世花费了大量的时间和精力，他对天主教会的仪式音乐进行了改革，摒弃了乐器，并颁布了三千多首无固定节拍、单声部的歌曲，这些作品被称为"格里高利圣咏"或素歌。

格里高利圣咏主要由两部分组成，一部分是音节的曲调，即在一样高的音上唱完所有的内容；另一部分则为旋律的曲调，是一种复杂却优美动听的歌唱。这些歌曲虽然刻板却并不枯燥，往往给吟唱者心驰神往、超凡脱俗的感觉。作为一种朴素的声乐，格雷戈利圣咏成为了罗马礼拜仪式的基础礼仪音乐，不仅至今仍然是天主教会的重要的典礼音乐，还对现代音乐产生了很大影响。

格里高利一世对教会音乐的改革，直接促使了大量以歌唱为业的人的出现。从那时起，出身贫苦人家的孩子或虔诚的基督教徒都可以随意加入演唱者队伍，人们纷纷涌入教堂，歌剧应运而生。

"格里高利利圣咏"可以称得上是完美无缺的，它一产生就成了听众心目中唯一能与上帝对话的音乐，不仅使人们充分享受了完美的圣咏，也带来更加丰富的音乐养分。作为后世基督教世界参照的永恒不变的圣咏经典，在许多教徒心中，"格里高利圣咏"一直神圣无比，是赞美天主最合适的宗教音乐。

宏伟的坎特伯雷大教堂，从公元597年就在基督教传教中担负着十分重要的角色。

即使在今天，很多以世俗内容为主的交响诗和歌剧，与中世纪的教会有着割舍不断的联系。

马肖
Machaut 约 1300—1377

在十四世纪的欧洲，以巴黎圣母乐派为代表的"古艺术"已经走到了生命的尽头，此时，马肖作为"新艺术"的代表出现了。"新艺术"即"14世纪的复调"，其概念建立在一系列新的表现手段之上。

马肖生于十四世纪初的法国，是一位杰出的作曲家、优秀诗人。他一生创作了19部单声部或复调的游吟歌，42首叙事歌，22首复调回旋诗，33首单声部或复调的维勒莱，23首经文歌等，其中有不少乐曲是当时流行的曲式。他最重要的成就之一是发展了叙事歌，并继承了法国北部吟唱诗人的传统，其复调维勒莱和回旋诗就是"新艺术"的典型代表作品。

在音乐创作上，马肖兼有保守和进步两种倾向，他认为真正的歌和诗只能出自内心，"谁要是不动感情，他的作品和歌唱就是虚伪的"，因此他在创作中精雕细琢、灵活多变，在保持理性的同时，加强了旋律的抒情性，使音乐散发出温暖的气息，具有真实的韵味。

在马肖的众多作品中，以《圣母弥撒曲》最为著名，他创造性地将弥撒曲中5个固定部分（慈悲经、荣耀经、信经、圣哉经、羔羊经）作为一个整体运用到同一个作品中。相同的旋律在各个段落出现，不仅使每个乐章具有相同的风格，还优美动听。马肖是历史上创作完整弥撒曲的第一人，而《圣母弥撒曲》更是奠定了他在音乐史上无可替代的地位，具有划时代的意义。

一直以来，《圣经》为戏剧提供了取之不尽的题材，艺术家们将其中的某个场景扩展开来，并配上音乐，变成了戏剧，欧洲戏剧就是这样开端的。

这是16世纪意大利油画,描绘了人们在户外演奏音乐时的欢快场景。在当时,乐器不过是人声的陪衬。

帕莱斯特里纳

Palestrina 1528—1594

帕莱斯特里纳原姓皮耶路易吉,是意大利文艺复兴时期最杰出的作曲家之一,在当时欧洲乐坛上享有崇高的地位。1528年,他出生于罗马近郊的帕莱斯特里纳,1594年2月在罗马逝世。由于当时人们习惯用杰出人士的出生地称呼本人,所以皮耶路易吉也被称为帕莱斯特里纳。

流传下来的帕莱斯特里纳的作品有100余首弥撒曲,250余首经文歌,以及许多圣母颂歌、圣歌及世俗体裁的牧歌等,多是四、五声部的无伴奏合唱。他的合唱曲曲调流畅,层层递进,并且曲调之间结合得非常完美,因而显得乐音清晰明朗。

值得一提的是,作为罗马派创始人的帕莱斯特里纳虽然以写宗教音乐闻名,但他的音乐却少见地充满了人文关怀。此外,他还广泛利用意大利民间音乐的素材,节奏轻快、歌词清晰、曲调优美、深情而含蓄,其舞曲音乐《耶稣复活》中就充满了恬淡清新的生活情趣,犹如暖暖的春风迎面吹来,让人十分惬意。

在帕莱斯特里纳生活的那个年代,他是欧洲乐坛最响亮的名字。他作品中的肃穆纯净、清新和谐的风格,体现了一种积极向上的崇高精神,这种风格被称为"帕莱斯特里纳风格",也叫"罗马风格"。

【舞曲】

舞曲起初是舞蹈的伴奏曲,经过后人的不断完善最终发展成独立的声乐曲。音乐和舞曲就像连体婴儿,音乐是舞蹈的基础,舞蹈常常表现音乐。受时代、民族的影响,节奏成了区分舞曲最重要的标志,而歌剧兴起之后,舞曲又成了它重要的组成部分。

文艺复兴时期的古典音乐

人类历史上的任何一次进步，都是在批判地接受前代所取得的成果的基础上，再加以发展后才取得的，音乐领域也是如此。教会音乐统治了整个中世纪，对欧洲音乐产生了重大影响。但发生在11到13世纪之间的十字军东征，促进了东西方文化的交流，从而打破了教会音乐的统治局面。随着哥特式艺术风格在北欧的悄然兴起，欧洲进入了长达二百多年的文艺复兴时期。

14世纪的欧洲，社会意识形态发生了深刻变化，以人文主义为代表的新思想、新观念逐渐传播开来。人们反对神权，提倡个性自由，反映在艺术领域，则是一大批艺术家们开始质疑中世纪文化，试图通过复兴古希腊和古罗马文化的精髓，进而建立一种新的文化传统。这场轰轰烈烈的文艺复兴运动首先在建筑领域开始，随后波及文学、美术、哲学等各个领域，使欧洲文化继古希腊文化高峰之后，进入第二个文化高峰。

音乐上的文艺复兴稍晚于其他艺术形式，与那些通过借鉴古希腊遗产而获取灵感的艺术形式不同的是，古希腊没有留下任何堪资借鉴的音乐实例，音乐家们无从知晓古代音乐的原貌，只能通过阅读仅有的音乐理论来指导创作。因此，与其说文艺复兴时期的音乐是古希腊音乐风格的再生，不如说是欧洲音乐新风格的创立：从宗教崇拜转向崇尚理性；从威慑于神权转向追求人性的发展；从禁锢情感转向直接表达心境和感情，这都与中世纪的教会音乐精神相对立。

文艺复兴时期的音乐并没有形成一种代表时代特征的明确形式，但有为数众多的音乐家矢志不渝地为之努力，其中意大利的兰迪尼、法国的马绍等作曲家堪称文艺复兴音乐的先驱，而以奥干努姆为代表的复调手法，不仅具有哥特式风格的显著特征，更为以巴赫为顶峰的对位法理论的完成奠定了良好的基础。

由此可见，文艺复兴时期的音乐无论在内容上还是在形式上都发生了巨大的变革，绝不仅仅是对前代艺术风格的继承和发展，而是大手笔的重建。这一时期，涌现出一大批杰出的音乐大师，他们根据自身的音乐风格又形成了不同的乐派：

佛兰德乐派是当时形成较大影响的乐派之一，早期的代表人物是比利时作曲家杜费，他的音乐创作包括宗教和世俗两方面。在经文歌、弥撒曲、歌谣曲等众多体裁的创作中，杜费在弥撒曲上取得的成就最为显著，为后世留下多部完整而杰出的弥撒曲，最具代表性的是《假使我的面色苍白》、《武装了的人》等。此外，他还是法国复调世俗歌曲尚颂的创立者。

杜费之后，以写弥撒曲为主的作曲家约翰·奥克冈风靡一时，他

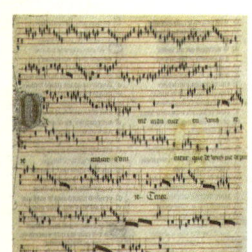

早期的五线曲谱，当时音符和现在大有不同。

文艺复兴时期的音乐曲谱。那时的音乐家创造性投入到音乐创作中，为西方古典音乐在日后达到的高度奠定了坚实的基础。

精通各种卡农手法,在创作中表现了精湛的音乐技巧。此后,佛兰德乐派又出现了两位颇有影响力的作曲家,若斯钦·德普雷和奥兰多·迪·拉索,前者以多体裁创作闻名,后者则达到了佛兰德乐派后期创作的高峰。

16世纪上半期,以乔瓦尼·加布里埃利为代表的威尼斯乐派形成,他不仅是创造最早的"奏鸣曲"的作曲家,更为重要是,他为器乐体裁的发展做出了重大贡献,作有铜管乐和弦乐的重奏曲,代表作品有《天使与牧人》、《啊,伟大的奇迹》、《神圣纯洁的贞女》。

罗马乐派以创作宗教音乐为主,帕莱斯特里纳是该乐派的创始人。他是教会复调音乐的救星,其宗教音乐作品肃穆纯净、匀称清新,节奏简洁而和谐,表现出一种积极向上的崇高精神。值得一提的是,他还开创了无伴奏合唱的先例。帕莱斯特里纳为后世留下上百首弥撒曲、二百多首经文歌以及大量颂歌、圣歌、牧歌。在他之后,罗马乐派又出现了纳尼诺、索里亚诺等杰出作曲家。

"佛罗伦萨伙伴"音乐小组在文艺复兴时期音乐领域占有重要地位,由卡奇尼、加利莱伊、斯特罗齐三位音乐家组成。他们对古希腊音乐造诣颇深,提倡恢复古代音乐与诗歌、戏剧相融合的音乐形式。在他们突出曲调的影响下,主调音乐和数字低音风格逐渐形成,并直接促成了歌剧的诞生,为文艺复兴音乐向现代音乐迈进做好了铺垫。

此外,还有很多没有流派的卓越的世俗作曲家,比如意大利作曲家杰苏阿尔多,他是牧歌发展中最为重要的作曲家之一,尤以五声部牧歌著称,代表性的作品有《我悲痛欲绝》、《我无言离去》,其音乐风格直接影响了英国和德国的世俗音乐的创作。再比如意大利另外一位著名作曲家蒙特威尔第,他一生最重要的成就在于歌剧,为歌剧的发展作出了重要贡献,并创作了《奥菲欧》、《波佩阿的加冕》等不朽的作品,被称为"确定近代音乐方向的划时代的伟大音乐家"。

《圣经》中描述的巴别塔,据《圣经·旧约》记载,巴别塔是大洪水之后诺亚的子孙共同建造的用以通往天堂的塔,上帝为了阻止人类的行为,让人类说不同的语言,无法沟通,而使这座塔半途而废,这是基督教为人类不同的种族不同的语言作出的解释。但是人们很快创造了音乐,不仅可以歌咏上帝,还在很多年后用于彼此的交流。

文艺复兴时期是音乐史上一个硕果累累的时代,音乐家们承上启下,以巨大的创造性投入音乐创作中,世俗化的内容和写实精神在他们的作品中展露无疑,显示了那个时代所特有的历史特征,推动了欧洲音乐的发展,为西方古典音乐在日后达到的高度奠定了坚实的基础。

蒙特威尔第

Claudio Monteverdi 1567-1642

巴洛克音乐在西方音乐史上占有重要地位,它以更加热烈和张扬的风格,冲破了文艺复兴时期的音乐传统,推动了西方音乐发展。

克劳迪奥·蒙特威尔第是意大利著名作曲家,出生于位于意大利北部波河沿岸以制造小提琴著称的小城格里摩纳。

1552年,蒙特威尔第在老师的影响下,出版了他的第一部作品——为三声部而写的教会音乐曲集,后受曼图亚公爵的邀请成为维奥尔琴乐师与牧歌演唱者,1595年以后则多次随公爵出征多瑙河与佛兰德。在"卡梅拉塔公社"的佛罗伦萨派歌剧的影响下,他开始了自己的歌剧创作生涯,其第一部歌剧《奥尔菲斯传奇》于1607年首演,首次采用完整的乐队为歌剧伴奏。1612年,他在公爵去世后离开克雷莫纳,并于第二年任威尼斯共和国音乐指导。在此期间,他为威尼斯圣马可堂创作了大量优秀圣乐作品,从此名扬欧洲。

蒙特威尔第对歌剧的发展做出了巨大的贡献,他革新了沿袭已久的和声运用,加入不协调和弦,加强了色彩性配器,和声功能的不断丰富增强了声乐和器乐的抒情性。他还别出心裁地在歌剧中用管弦乐队伴奏,并扩大管弦乐队的编制,强化管弦乐队的作用。

除了在战争和灾难中已经失传的几部绝对堪称精品的歌剧《奥菲欧》、《波佩阿的加冕》外,蒙特威尔第还创作了九部牧歌集、二十一首宗教牧歌、二十一首三重唱、十五首三声部谐谑曲、十首二声部谐

【浪漫主义音乐】

浪漫主义一词本是指中世纪欧洲的英雄故事或传奇小说,后来被用于音乐领域,浪漫乐派指的是十九世纪初到二十世纪初的优秀作曲家门德尔松、肖邦、舒曼、李斯特、瓦格纳等人。

浪漫主义音乐的显著特征是,情感和想像永远处于其他音乐要素之首,幻想、抒情、个性的自我展现是音乐表达的主旨。为了不让听众误解自己的情感,作曲家创造了标题性音乐,题材主要包括交响曲、交响诗、乐剧、狂想曲等。

谑曲及近百首宗教作品。其中，《奥菲欧》最为著名，不仅是蒙特威尔第初期歌剧的杰作，也是近代歌剧的开始，具有划时代的意义。

在《奥菲欧》中，蒙特威尔第共使用了40余种管弦乐器，包括长笛、小号、竖琴、管风琴、簧风琴、低音古提琴、萨克布号等。他为了表现灵魂深处的激烈活动，提出音乐形象的广阔发展必须根据人物的心理活动和感情脉络来进行，他称之为"激烈的风格"。

对于蒙特威尔第，房龙曾做过这样的评价："歌剧的改进得力于克劳迪奥·蒙特威尔第。他的家乡历来具有弦乐制作家族之称，而他本身是个中提琴演奏者，而那时的其他作曲家和教师，最初都出身于歌手。现在终于在乐坛上出现了一位才华横溢的人，他作为一个器乐乐师，自然是从器乐而不是从声乐的角度来看音乐。"

《弹奏维吉纳琴的女士》，17世纪著名画家简·弗美尔作品。

作品赏析 MUSICMASTER workappreciation

《奥菲欧》

《奥菲欧》是意大利初期由斯特里乔编剧，蒙特威尔第创作的一部五幕歌剧，具有巴洛克音乐风格。本剧故事虽然是希腊神话中的传说，但直接素材取自意大利的古老牧歌剧：奥菲欧是希腊罗马神话中一位精通音律的半人半神，他凭借非凡的音乐才能，从地狱讨回了亡妻的灵魂，但在走向阳间的路上，他违背"不得回头"的诺言，因而再次失去了爱妻。

《奥菲欧》的规模庞大，气势非凡，完全摆脱了雏型歌剧的模式，把宣叙调写得更加优美，更富表现力，并在其中增加了咏叹调，在形式上也采取了不谐和音表现戏剧性。这部作品虽非第一部歌剧，却可说是西洋歌剧史上第一部杰作。1607年2月24日和3月1日，《奥菲欧》在曼都瓦宫廷举行公开首演。

《波佩阿的加冕》

蒙特威尔第最后一部歌剧是依据真实的历史事件创作的，它就是1642年创作的《波佩阿的加冕》。这部歌剧成功地塑造了尼禄等历史人物，全剧规模宏大，让人很难相信他诞生于三百五十多年前，这不能不说是个奇迹。有人断言，蒙特威尔第在音乐史上的地位与莎士比亚在文学史上的地位一样无人能及，这样的评价可谓是相当精确。

杜费
Guillaume Dufay 1400-1474

15~16世纪，欧洲自然科学迅速发展，给音乐领域带来很大变化，乐谱印刷业的产生为统一乐谱版本提供了可能，业余音乐爱好者大大增加，而之后问世的小提琴和古钢琴又为音乐演奏增添了光彩。与科学发展相对应的是艺术家们对艺术技巧的探讨日益深刻，使音乐领域出现一系列革新：充满清新气息的卡农式猎歌、多声部牧歌、法国歌谣曲等新题材取得长足发展；风行于中世纪的格里高利圣咏被融合进去很多世俗歌曲，同时远远超越宗教意义的四声部新教圣咏产生；器乐化加强，键盘器乐的前奏曲、变奏曲、幻想曲等器乐体裁出现；声乐和器乐逐渐分离，并日益完善各自的表演技巧；更为重要的是，这一时期还创立了主旋律音乐，被视为主调和声风格的先声。

14世纪末到15世纪初，布艮第地区小教堂活跃着一个以音乐家组成的群体，他们被称为"布艮第乐派"，该乐派的音乐风格承袭英国作曲家邓斯泰布尔，音响上表现优美细腻，"布艮第乐派"也被称作"第一尼德兰乐派"，而弥撒曲是最能代表"布艮第乐派"的曲式，杜费就是该乐派的杰出代表。

作为15世纪最伟大的作曲家，杜费的音乐创作包括宗教和世俗两方面，在世俗音乐的创作中弥撒曲最突出。自马肖创作第一部完整的弥撒曲后约70年，杜费写了8部完整的弥撒曲，他的著名经文歌《慈悲圣母》节奏优雅，作品表现力强，富有吸引力。此外，《赞美诗》、《玫瑰在近日开放》也是他优秀的代表作。他的世俗音乐多为三声部的歌曲，歌词一般为意大利文和法文。他的意大利作品受兰迪尼的影响，法文歌曲旋律丰富，每一个声部都具有自己独特的和声效果，代表作品为《温柔高贵的心》(Franc nuer nentilx)。

在不断地音乐创作中，杜费逐渐形成了自己独特的风格，其典型的"文艺复兴"早期的音乐语言创立了法国的复调世俗歌曲——尚颂。并且，他非常注重乐曲的整体风格，为了这个目标，他采取了定旋律连用的方式，即把一段圣歌旋律放在五个乐章中，其代表作弥撒曲《假使我的面色苍白》就体现了这种风格。不仅如此，他还用当时一首很流行的歌曲《武装了的人》写了一部弥撒曲，经久流传。

世纪欧洲宗教书籍《祈祷书》中的插图，描述了教徒在教堂做礼拜的仪式。杜费生活的时期，欧洲涌现出很多优秀音乐家，此画中的两个人物分别为迪费和班舒瓦，被公认为是当时欧洲最著名的作曲家。

格鲁克
Christoph Gluck 1714—1787

18世纪，格鲁克歌剧改革在当时音乐界掀起了一股飓风。1762年，当格鲁克意识到意大利歌剧越来越"荒唐乏味"，充满了"无聊夸张的虚饰"时，他提出了"歌剧应该优美而简洁"的改革口号，其创作的《奥菲欧与尤丽狄茜》就是这场改革的旗帜。

克利斯托夫·维利巴尔德·格鲁克生于德意志南部的埃拉斯巴赫，少年时跟随捷克作曲家、管风琴家车尔诺霍尔斯基学习音乐。22岁那年他得到维也纳贵族的资助，到米兰从桑玛尔蒂尼学习了四年，在此期间他结识了亨德尔，并受到亨德尔的清唱剧风格的启发。

分别用德文和意大利文印制的乐谱，一定程度上反映了文艺复兴早期的音乐趋向。

1741年，格鲁克在米兰完成了他的第一部歌剧《阿尔塔塞斯》，并于1754年重返维也纳任维也纳宫廷乐长及歌剧指挥，并开始着手进行歌剧改革。在此期间，他与意大利诗人卡扎比基合作完成了歌剧《奥菲欧与优丽狄茜》、《阿尔西斯特》等歌剧作品，详细阐述了他对歌剧改革的重要原则和歌剧创作的美学观点，这些歌剧作品被认为是格鲁克歌剧改革的宣言书。他主张"歌剧内容要深刻，音乐为戏剧服务，摒弃传统的炫技要求，提倡淳朴自然的表现"，对欧洲许多国家的音乐戏剧产生了显著影响。

1777年，格鲁克创作的《阿尔米德》不仅坚持了他的改革原则，而且乐队的作用也得到了更好的发挥。两年之后《伊菲姬妮在陶里德》问世，这是格鲁克的最后一部改革歌剧。此剧更加注重人物的情感，以往的爱情主线退到了幕后，咏叹调的作用也在这里得到了更好的运用，为格鲁克的歌剧改革画上了一个圆满的句号。1783年，格鲁克以一部《埃科与纳克索斯》结束了他的歌剧创作生涯。

在格鲁克生活的时代，集意大利、法国和德奥音乐风格特点于一身的作曲家仅他一人，这不能不说是一个奇迹。他的作品既有意大利音乐的严谨典雅，又有法国音乐的庄重壮丽和德奥音乐的质朴明朗，其歌剧改革更对法国、意大利、奥地利、瑞典等国音乐戏剧的发展影响深刻，被视作世界歌剧发展史上的里程碑。

【歌剧】

歌剧是一种由音乐、戏剧、舞蹈综合而成的艺术形式，最初都是在宫廷和贵族的厅堂里演出。卡契尼对歌剧的发展起到奠基作用，蒙持威尔第和斯卡拉蒂则使歌剧这种艺术体裁趋于完善，并在欧洲艺术史上占据稳固地位。并且，斯卡拉蒂还发展了歌剧的抒情性，使歌剧艺术向广大市民敞开了大门。

强盗们的藏身之所
亚历山大·芒雅维克作
意大利·1667—1749

导读 巴洛克音乐

虽然巴洛克时期与文艺复兴时期在时间上非常接近,但是其艺术风格却迥然不同。古希腊、罗马艺术的形式美在文艺复兴时期的艺术中有完美的表现,而巴洛克艺术却不尽然,它是一种全新的艺术形式。与文艺复兴时期井然有序、清透澄澈的古典音乐相比,巴洛克时期的音乐更加华丽、复杂、壮观,注重超现实和宏伟雄奇,在一定程度上代表着那个时代所特有的骚动、不安和疑虑。

巴洛克音乐起源于意大利,人们通常认为从蒙特威尔第开始,到巴赫和亨德尔为止的大约一百五十多年的时间。生于1567年的意大利音乐家蒙特威尔第,也被一些学者认为是文艺复兴末期的代表人物,但不管他属于哪一时期,他对音乐作出的贡献都是不可置疑的。他对歌剧进行了创造性的改革,并因此被称为"歌剧改革之父"、"17世纪最出色的作曲家",是巴洛克音乐当之无愧的奠基者。

蒙特威尔第的歌剧改革之后,歌剧正式宣告诞生,很多音乐家竞相创作同类作品。这不仅大大促进了歌剧的发展,同时也使演奏的器乐日益得到重视。在文艺复兴时期,器乐鲜有机会露脸,最多只能在民间音乐中被使用。但到巴洛克时期,随着歌剧规模的大型化、情节的戏剧化,器乐也开始在歌剧的开始和中间部分担任演奏独立的序曲和伴奏,成为整个剧目不可或缺的一部分。随之而来的是器乐性能得到提高,对器乐音乐创作和演奏风格都产生重要影响。器乐的发展与歌剧诞生一起成为巴洛克音乐风格确立的标志。

宗教音乐是受巴洛克风格影响最为深刻的一种音乐体裁。在文艺复兴时期,宗教音乐已经开始世俗化,而此时更是在传统的圣经故事

位于布达佩斯的匈牙利国家歌剧院

和传说的音乐内容上,增加了很多戏剧化的表现,还将类似歌剧的独唱、重唱,甚至乐队都引入其中,使宗教音乐更加世俗化。宗教音乐世俗化影响之一,是使传统音乐得到彻头彻尾的改变,更为重要的是在此基础上,一些新的音乐体裁被创造出来,如清唱剧、神剧、受难曲,等等。

就整个巴洛克音乐来说,其最大的特色是调性取代旧有的调式。几百年来以音符排列决定曲调的做法逐渐淡出历史舞台,而以三和弦为基础的大小调音阶系统和调性写作方式开始被广泛应用。大小音阶和调性系统的发展,使乐曲更富有活力和个性,为其出现无限的变化提供了可能,之后几百年的音乐创作都以此为基础。

与其他时期的音乐相比,巴洛克音乐的节奏感更为强烈,跳跃持续不断,且采用精致的多旋律、复音音乐的复调法。作曲家为了在曲子中强调感情的起伏,对音乐力度和速度非常重视。同时,管弦乐器的发展,尤其是小提琴族系的出现,为巴洛克音乐增添了新元素,使其表现力更加丰富。

巴洛克音乐艺术获得巨大发展也得益于这一时期涌现出的一大批杰出的作曲家。在蒙特威尔第之后一百多年,意大利又出现了一位著名作曲家,他就是维瓦尔第。他一生创作了五十多部歌剧,数百部协奏曲,其中最为著名的当属小提琴协奏曲《四季》,据说他的作品风格对巴赫产生一定影响。

作为巴洛克音乐的代表性国度,法国也不乏优秀的音乐家,库普兰和拉摩是其中的代表。库普兰不仅是著名作曲家,同时也是一位出色的大键琴与管风琴演奏家。他创作的《羽管键琴曲集》不仅对巴赫的键盘音乐产生了重大影响,而且也对德彪西等现代印象派音乐家们产生了深远影响。与库普兰不同的是,拉摩的主要成就在于和声理论和对位法,他创作了第一部和声理论著作《和声学》,为功能和声理论的建立奠定了基础,而他创立的位法则被称为"拉摩法则"。

对于大多数人来说,巴赫和亨德尔的名字都不陌生,他们是巴洛克音乐时期两座不可逾越的高峰,创造了非同寻常的音乐奇迹。巴赫生活在巴洛克后期,他将几个世纪以来的种种音乐倾向予以总结、发扬,并用自己独特的音乐表现出来,在西方音乐史上起到了承上启下的作用。巴赫因其作品之多,水平之高,功绩之大,被誉为"音乐之父"。亨德尔与巴赫出生在同一年,但是他却以旋律大师著称。他的作品优雅而愉悦,他的协奏曲、歌剧、神剧等作品是巴洛克时期难能可贵的音乐财富。

巴洛克音乐在西方音乐史上占有重要地位,它以更加热烈和张扬的风格,冲破了文艺复兴时期的音乐传统,但也因此被一些人指责为"过于夸饰而不够规范"。可是,巴洛克音乐推动西方音乐发展的事实却没有人能够否定,西方艺术史认为,巴洛克音乐取得了前所未有的迅猛发展。

仿照巴黎歌剧院建造的西班牙毕尔巴鄂歌剧院

古希腊音乐总是和艺术、科学、哲学密切关联,其不仅仅是一种娱乐,更是教化的工具,古希腊音乐的时间范围没有办法精确的划定,但是其繁荣期我们可以大致分为三个阶段:荷马时代、古典时代和希腊化时代。其中,古典时代是音乐文化生活发展的一个重要阶段。

古希腊音乐的主要题材总是和诗歌结伴而生,浓郁的抒情性贯穿整个作品,体裁以悲歌、颂歌、饮酒歌、婚礼歌为主。

在音乐和绘画中徘徊
安杰莉卡·考夫曼作
1741—1807 年

杰苏阿尔多

Don Gesualdo 1560-1613

【鲁特琴】

　　鲁特琴是文艺复兴时期欧洲最流行的家庭独奏乐器,形状如梨形,轻巧便携,最吸引人的是它银铃般的音色,低张力的羊肠弦加上梨型音箱特殊的共鸣,产生了美妙细致的音响。随着鲁特琴的不断发展,它的优点日益彰显,而无与伦比的特质铸就了其 150 年的辉煌岁月。

　　巴洛克的葡萄牙语是"baroque",意为形状不规则的珍珠,最初表示建筑方面的艺术形式,后用来特指 17 世纪初到 18 世纪中叶这一历史时期,即"巴洛克时期"。和文艺复兴一样,巴洛克一词后来被应用于各种艺术领域,在这一时期产生的音乐作品则被称为"巴洛克音乐"。

　　早在 16 世纪,低音声部就已经与复调音乐其他声部区分开了,而到巴洛克时期,这种风格逐渐被确定了下来,接着,复调音乐被放弃,主调音乐风格成了主流。巴洛克音乐对和声和低音的重视,直接导致了四声部和声和数字低音的诞生。与此同时,很多音乐家开始注重音乐的"节奏",在乐谱中添加小节线,为音乐注入了新的元素。所有这些新形式,对后来出现的鸣奏曲、交响曲、协奏曲、变奏曲等产生了重要影响。此时,声乐和器乐开始作为两大分支独立发展,并且相互补充。

　　杰苏阿尔多是意大利作曲家、鲁特琴演奏家。他生于那不勒斯,于 1613 年 9 月 8 日卒于阿韦利诺省。他曾师从宫廷音乐师学习音乐,与蒙泰韦尔迪、马伦齐奥一起被称为牧歌发展最后阶段的三大作曲家,共创作了约 150 首牧歌,其中以五声部牧歌最为有名。

　　由于遭受了情感挫折,杰苏阿尔多的牧歌充满了悲剧色彩。他的

格雷姆的孩子们
威廉·荷加斯作
1697—1764

作品常常采用半音，和声大胆而夸张充满了怪异，加之引进了强烈的不谐和音，并常常突然转调，使狂躁与抑郁交替，造成紧张的氛围，其中，牧歌的第5、6集大胆地超越了时代。这种具有个性的音响与几百年之后的浪漫主义作曲家瓦格纳的一些音乐类似，尤其表现在用音乐表现对生命无奈的感叹以及疯狂的想像方面。

杰苏阿尔多最著名的牧歌有五声部《我悲痛欲绝》、《我无言离去》、《我将悲惨的在痛苦中死去》，这些作品中几乎都选择了表现死亡、痛苦的内容，渲染出了悲痛的气氛，情感凄怆感人。

众神的盛宴
乔凡尼·贝里尼作
1430—1516

河与渔人
克劳德·文耐作
1714—1789 年

帕海贝尔

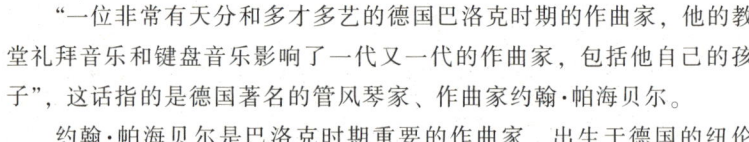
Johann Pachelbel 1653—1706

15 世纪《英国花边史》中的插画,表现当时的音乐生活。

"一位非常有天分和多才多艺的德国巴洛克时期的作曲家,他的教堂礼拜音乐和键盘音乐影响了一代又一代的作曲家,包括他自己的孩子",这话指的是德国著名的管风琴家、作曲家约翰·帕海贝尔。

约翰·帕海贝尔是巴洛克时期重要的作曲家,出生于德国的纽伦堡。16 岁那年,他进入阿尔道夫学校,并担任了圣罗伦兹教堂的管风琴师,但第二年,他的经济状况就越来越糟,不得不终止了学校教育。幸运的是,他在学术知识上展露的天分帮了大忙,他顺利地进入另一所学院,师从普伦茨学习作曲。受普伦茨的影响,帕海贝尔原有的北德风格开始转向意大利风格。

1678 年,帕海贝尔担任了普雷迪格教堂的风琴师,由于每年这里都要举办检验管风琴师的演奏会,他的管风琴技术找到了表演的舞台,在此期间,他的很多重要的管风琴作品问世了,奠定了他巴洛克后期管风琴名家的地位。

音乐家的狂欢

帕海贝尔是一名激进的作曲家,不仅在管风琴和键盘音乐创作领域受到了肯定,而且在新宗教音乐创作方面的地位也相当高,遗憾的是,他的作品大多未能获得妥善保存,其中一些作品仍然被淹没在德国各地图书馆内。

在西洋音乐史中,帕海贝尔仅仅以管风琴大师著称,他其他方面的才能一概被忽略了,但事实上,他不仅是管风琴大师,而且他的作品对音乐大师巴赫产生了很大的影响。帕海贝尔的《D大调卡农》就是一首伟大的乐曲,作品奇迹般地在短短5分钟之内带领我们遨游了327年的时间长河,并跨越了古典与流行的界限,在人们情感的惊悸中走向不朽。

几个世纪过去了,《D大调卡农》仍然是人们喜爱的器乐小品之一,并频频出现在电影电视广告的配乐中,而电影《凡夫俗子》、韩国电影《我的野蛮女友》就是最好的见证。由于此曲特殊的魅力及贡献,美国国家航空航天局通过人造卫星将《D大调卡农》带入了太空,让其悠扬的音乐久久回荡在天际。

作品赏析 MUSICMASTER workappreciation

《D大调卡农》

这部作品大约创作于1678至1690年间,这段时间正是帕海贝尔最痛苦、最寂寥的时期,他的妻子和儿子都被鼠疫夺取了生命。为了纪念自己所爱的人,他强忍悲痛创作了一组音乐,其中最著名的就是这首《D大调卡农》,低音乐器在曲调中简单地重复了二十八次同样的八个音,回旋的曲式奏出了曼妙的旋律,给人一种宁静的忧伤感觉,回味无穷。

【卡农】

卡农出现于十三、十四世纪,作者是曾做过巴赫老师的德国人帕海贝尔。卡农并非曲名,而是一种曲式,是一种写作技巧,其所有声部的曲调始终会融合在一起,不离不弃,就像两个缠绵悱恻、至死不弃的恋人。后来的卡农主题以古代曲调为主,如巴赫的《五首卡农变奏曲》。到了十九世纪,卡农手法往往在交响曲、奏鸣曲中出现,如贝多芬的《命运交响曲》。在众多的卡农作品中,现代人最熟知的还要属帕海贝尔的《D大调卡农》,也称作《帕海贝尔的卡农》。

法国古典主义油画作品,在库普兰生活的时代,许多著名画家也都以音乐为题材进行创作。

库普兰

François Couperin　1668-1733

《库普兰之墓》是拉威尔为纪念十八世纪的法国作曲家库普兰而作,完成于一战结束时,包括前奏曲、赋格、佛兰舞曲、里戈顿舞曲、小步舞曲、托卡塔,原曲为钢琴组曲,后改编成管弦乐曲。

对拉威尔来说,《库普兰之墓》代表了他的音乐理想,这个曲子有双重意义:在国家遭受莫大危难时,既向法国音乐传统致意,同时也向为国捐躯的英雄们致意,真切感人。

库普兰家族在法国相当于德国的巴赫家族,是一个音乐家辈出的著名世家,也是17世纪享誉法国的古钢琴派。这个家族给法国提供了非常丰富的音乐,仅1665年到1826年的161年间,库普兰家族就有七人接连担任巴黎圣·乔尔维大教堂的风琴手,并且还有很多人是享誉乐坛的大师。

弗朗索瓦·库普兰是库普兰家族中最优秀的一个,又称"大库普

《羽管键琴曲集》

在这部集子里,库普兰把法国的典雅风格发展到了极致,乐曲散发出优雅、迷人的情趣,作品显得细腻,而且大多配有写意的标题,体现了当时流行的华丽风格和洛可可风格。

这套曲集共4卷,总数有230余首作品,共有27套组曲,每一套都采用同一调性的舞曲,而且每一曲的标题都充满了诗意,《莫尼卡姐妹》、《神秘的夫人》、《蝴蝶》、《风流雅士》都是其中最受欢迎的曲目。

兰",是法国著名作曲家和键盘乐器演奏家。由于父亲是管风琴师,他从小便跟随父亲学习,后又师从宫廷风琴手杰克·托姆兰。他是一个音乐天才,在18岁生日那天就正式继承了父亲管风琴师的职位,并于1693年担任了皇家礼拜堂管风琴师,享有"路易十四御前管风琴师"之美誉。

作为法国键盘音乐之父和洛可可时期重要的艺术家,库普兰一生共创作了4册约230首拨弦古钢琴曲、40多首管风琴曲、一些宗教声乐作品和一些室内乐作品。其大键琴曲以华贵典雅闻名,体现了典型的法国18世纪初洛可可式的精巧纤细的风格,对后来的巴赫产生了很大影响。

库普兰最杰出的作品是倾其毕生精力而创作的《羽管键琴曲集》。为增加音乐的丰富性,他运用了演奏极其困难的装饰性演奏法即触键、装饰奏和其他键盘技术,不仅对巴赫的创作风格产生了深远影响,就连后来的现代印象派音乐的代表人物也都从中受益匪浅。

库普兰画像

名画《狄多之死》具有强烈的意大利风格,库普兰也是这样,他是法国作曲家,但是其音乐风格受意大利音乐影响很大,并成功地将意大利音乐和法国音乐融合在自己的作品中。

农民的音乐舞会
彼得·勃鲁盖尔
1525-1569

吕里

Jean Baptiste Lully 1632-1687

吕里塑像

  让·巴普蒂斯特·吕里是意大利裔法国作曲家,生于佛罗伦萨,在舞蹈和戏剧方面非常有天赋。10岁时,吕里进入法国宫廷,踏上了自己的艺术之路。他多才多艺,曾担任过芭蕾演员、小提琴手,后又成为乐队指挥,并负责为王室创作芭蕾舞曲。1652年,吕里为宫廷狂欢节编排的《今夜芭蕾》一登台就引起了强烈的轰动,他因此而被任命为"宫廷御用舞蹈家和音乐家",从此主宰了法国宫廷的音乐,并开创了法国歌剧,创作了大经文歌和法国序曲。

  吕里是法国巴洛克音乐的代表性人物,他的歌剧大多取材于希腊神话,而且在开场的序曲后有一段为国王歌功颂德的朗诵诗句,为了吸引观众的注意力还伴以舞蹈。此外,为了符合法国人的欣赏习惯,他还在歌剧中加入了芭蕾舞与合唱,取代了缓慢庄重的舞曲。吕里的音乐以力量感人,快速的乐章充满活力,哀伤的乐章则让人情感悲痛。

  在吕里的众多创作中,最具代表性的有歌剧《阿尔采斯特》、《黛赛》、《阿尔米达》、《伊西斯》、《阿马第斯》和舞剧《贵人迷》、《逼婚记》。此外,他还创作了不少嬉游曲、歌曲、教堂音乐与其他体裁的音乐作品。

  1687年,吕里在演出时不小心把指挥棍戳在了脚趾上,后来伤口溃疡,于3月22日死于败血症。

加布利埃里
Giovanni Gabrieli 1632-1687

乔瓦尼·加布里埃利是意大利作曲家、管风琴家，也是威尼斯有器乐伴奏作曲家之一。他的音乐利用了圣马可教堂提供的人声与铜管乐器的特殊的交替效果，作品包括不同组合的坎佐纳，即法国歌曲《尚松》被改编成声乐与诗琴曲或诗琴曲，但保持了歌曲原有的多段式结构，传入意大利后便称为"坎佐纳"，被改编为管风琴曲，可以自由地润饰和添加新元素。

在加布里埃利之前，大多数作曲家还没有学会在曲谱上写明各种乐器该演奏何种音符，他第一个想到要把乐器的音色分辨开。他经过长期的努力，逐渐认识了各种乐器，不仅在乐谱上标明了各声部指定的演奏乐器，还创造了最早的"奏鸣曲"，后来又创作了著名的《四度低音弱声强声奏鸣曲》。

加布里埃利的著名作品还有《天使与牧人》、《啊，伟大的奇迹》、《天主俯听我等》、《基督今日诞生》、《向天主欢呼》、《天上母后欢乐》、《神圣纯洁的贞女》。

【随想曲】

随想曲产生于十七世纪，是一种形式自由的赋格式的幻想曲，可以有几个乐章，有主题，可以是一种即兴的器乐曲，也可以是有特定主题的幻想曲，代表作有《送别亲爱的兄弟随想曲》、《意大利随想曲》、《杜鹃随想曲》等。

铜版画《音乐社会》，作于1635年，现藏于巴黎。

逃往埃及途中的休息
卡拉瓦乔作品

维瓦尔第

Antonio Vivaldi 约 1678—1741

【宣叙调】

宣叙调又译作朗诵调，一般放在咏叹调之前，用以酝酿观众的情绪，其实就是一种用于对白的歌。宣叙调起源于意大利，因此意大利语在宣叙调中的效果最佳，为了舞台的需要，人们经过了很多加工改造才让它适应了各种语言。

宣叙调的形式灵活自由、伴奏简单，起初只是用大键琴来伴奏，后用管弦乐伴奏，而且描写手法更加细腻。

在巴洛克音乐作曲家的三个代表人物维瓦尔第、巴赫以及亨德尔中，维瓦尔第是他们中最年长的一个，其小提琴协奏曲《四季》是最通俗的巴洛克音乐，堪称流传最广泛的古典曲目。

巴洛克时期意大利著名的作曲家、小提琴家安东尼奥·维瓦尔第，出生在威尼斯一个普通乐师家庭，父亲是威尼斯圣马可教堂乐队的小提琴手。当时的威尼斯是欧洲的音乐中心，浓厚的音乐文化氛围滋养了幼年的维瓦尔第，他随处都能感受到音乐的熏陶。年幼时他就显示出了非凡的音乐才能，10岁时他已经能代替父亲在教堂里演奏了。

1703年，年轻的维瓦尔第受了神职，红发是他最显著的特征，人们都称他"红发神父"。他在威尼斯慈爱院里执教，默默地当了十几年的小提琴教师。在执教时期，他名声大作，一些爱好音乐的贵族为了听到他的优美琴声，千里迢迢来到威尼斯。在近四十年的任教生涯里，维瓦尔第共创作了近500首协奏曲和73首奏鸣曲，其中以器乐作品最为著名。

26岁那年，维瓦尔第开始了自己的音乐创作生涯，并于第二年出版了第一部作品———一组 12 首三重奏奏鸣曲。当他 1713 年完成第一部歌剧《奥托尼在维拉》后，又创作了近 50 部歌剧，为此他甚至一度把自己列入歌剧作家之列。但是在人们眼中，他永远都是协奏曲大家。在他写过的数百部协奏曲作品中，最著名的是《Op·8》，其中前四首就是赫赫有名的《四季》，第五首《海上风暴》、第六首《愉悦》及第十首《狩猎》则延续了巴洛克时期的一贯风格，意境深远而优美。

令人意外的是，这位神父的作品里并没有表现出太多的神迹，这主要得益于意大利自文艺复兴以来积淀的深厚的人文主义传统。他的作品里洋溢着清醇的气息，给人清新和快乐的感觉。由于有自己的乐队，维瓦尔第大胆地进行创新，他将当时所有的主流乐器都糅合到了协奏曲中，产生了意想不到的完美的效果。他的创新手法大大丰富了协奏曲的表现手法，为协奏曲的发展注入了新的血液。

对十八世纪中叶的欧洲而言，巴洛克时代的复调已经不再符合人们的审美要求，音乐单纯的主调音逐渐成为音乐的主流，欧洲音乐正面临一次深刻的变革。但维瓦尔第并没有做出任何改变，终于被淹没在这场强大的思变浪潮中。晚年的维瓦尔第穷困潦倒，1741 年客死在维也纳，清风般地离开了这世界，只留下了清风般的音乐。

岁月的年轮指向了二十世纪，当人们开始重新认识巴洛克音乐时，音乐界也对维瓦尔第这位大师有了新的认识，他的音乐魅力也逐渐得到世人的认可。他的很多乐谱在故纸堆中尘封多年后终于重见天日，人们无不为这些 200 年前回响在欧洲大地上的动人篇章深深感动。1978 年是维瓦尔第诞辰 300 周年，人们为了表达对他的怀念与崇敬，在维也纳理工大学为他树立了一块纪念铭牌。

《弹吉他的梅兹坦》，18 世纪的欧洲闹剧非常盛行，而闹剧中的典型人物梅兹坦也成为人们的谈资，甚至是画家笔下的主题。

《四季》

这部作品于 1725 年创作完成，是维瓦尔第为波西米亚伯爵莫尔律而作，虽然为小提琴发挥技巧提供了很好的舞台，但仍未动摇乐团的地位，被认为是古典音乐中巴洛克风格的典范之作。

乐曲中用回旋曲表现了春的欢快与热烈，用极板表现了夏雨来临之前的狂暴，用朴实的旋律表现了秋收的喜悦，用同一节奏表现了严冬中人们的战栗。

《四季》至今仍被人们认为是古典音乐历史上最著名的小提琴协奏曲之一。

拉摩
Jean Rameau 1683—1764

拉摩画像，画家路易·卡梦特尔作于1760年。

作为一位作曲家，拉摩大器晚成，直到50岁才开始作曲，但是他所达到的高度却是很多作曲家终其一生也难以逾越的。他生活的时代在整个音乐史上灿烂夺目，与为数众多的著名音乐家生活在同一时代，如巴赫、亨德尔、多美尼科·斯卡拉蒂、泰勒曼等。

拉摩于1683年9月25日出生在法国第戎，1764年9月12日逝世于巴黎，父亲是一位管风琴家，母亲出生于一个没落贵族之家。拉摩从小跟随父亲学习音乐，将大量时间用在了唱歌和作曲上，8岁时他前往意大利，曾先后在意大利担任管风琴师和古钢琴教师。1706年，他离开意大利，到巴黎雅克大道的耶稣会继续管风琴师生涯，并在这里出版了第一册《古钢琴小曲集》。

令人遗憾的是，作品集的出版并没有使拉摩声名鹊起，绝望的他回到了家乡接替父亲的职位，在巴黎圣母院工作。1715年，拉摩到克莱蒙大教堂任管风琴师，并一直在那里待了8年，直到1723年才迁居巴黎，此后他便一直生活在巴黎直至去世。也是在这一年，拉摩完成了他的第一部和声理论著作《和声学》，此书与他3年后的另一部著作《音乐理论的新体系》共同奠定了功能和声理论的基础。

然而，拉摩的音乐之路并不是一帆风顺的，他一生的绝大多数时间都是靠管风琴手的工作度日，并曾一度靠妻子家族的帮助提高自己音乐的知名度，尽管如此，这并未影响他在音乐上的追求。

定居巴黎10年后，拉摩终于能够大展宏图了，而这一年，他已经50岁了。他先后创作了很多歌剧、舞剧、抒情诗，其中较为著名的有

《随着时间之神的音乐起舞》，法国古典主义画家普桑（1594—1665）的作品，可见当时音乐在美术领域产生的影响。

音乐是18世纪绘画的主题之一,这幅画是那不勒斯画派表现音乐和奏的情形。

《卡斯托与波鲁》、《达尔达努斯》、《拜火教主琐罗亚斯德》,他的歌剧极大丰富了法国古典歌剧单调的音乐内涵。此后,拉摩开始同时在音乐和作曲两个领域绽放光彩,他时而属于印象派,时而属于自然主义,时而驻扎在古典主义的中心,所有形式的音乐都围绕在他周围,正如伏尔泰所说:"拉摩把音乐变成了一种艺术。"

晚年,拉摩担任皇宫室内乐作曲家,并以"皇室作曲家"闻名,在去世前几个月,他被封为贵族。

作为18世纪法国头号作曲家,拉摩在西方音乐史上占有重要位置,同时,他也是继蒙特威尔第之后,格鲁克之前最重要的一位歌剧改革家,也是第一位现代乐器音色专家。音乐理论家兰格教授曾这样评论拉摩:"他的理论性著作成了现代音乐的理论基础,他的作品充满了似乎永不枯竭的创新精神,他是天生的一流戏剧家……他是18世纪最伟大的、最富有创造性的艺术家之一。"

【咏叹调】

咏叹调产生于十七世纪末,是一种配有伴奏的独唱曲,它可以是独立的唱曲,也可是戏剧中的一部分。其最显著的特征是浓郁的抒情性和歌唱性,主要用来表现剧中人物的思想和内心世界,几乎每一部戏剧中都有一两首咏叹调,而且有特定的曲式,结构完整。

歌唱家在咏叹调里找到了炫耀和夸饰自己声乐技巧的空间,使咏叹调成为戏剧流传递媒介。

MUSICMASTER 作品赏析 workappreciation

《大键琴合奏曲》

《大键琴合奏曲》是用羽管键琴、小提琴、和高音维奥尔琴创作的乐曲集,其显著特点是没有采用复调,音域宽广、三重速奏,键盘乐器与弦乐之间可相互交替,而且多数乐曲都是以两段形式构成的,标题和音乐之间也没有太大联系,有的标题甚至是演出后被听众加上去的,代表作有《羞怯》、《回旋曲》、《拉·弗凯雷》、《拉·布康》。

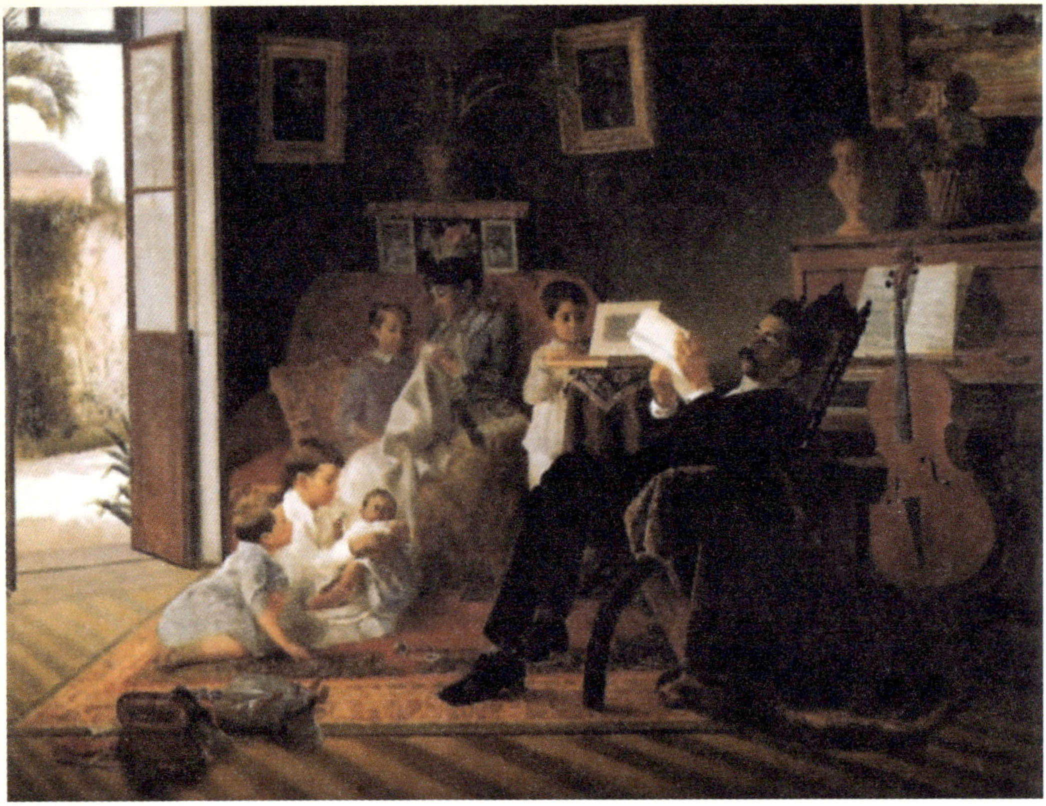

孩子们的音乐课

巴赫

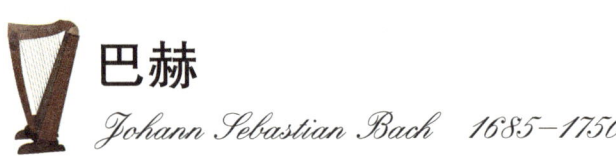

Johann Sebastian Bach　1685–1750

18 世纪初，德国无论在宗教音乐领域还是歌剧领域中都未出现过像意大利的巴莱斯特里纳或法国的吕里那样伟大的艺术家，直到巴赫的出现，才使德国在欧洲国家的乐坛上名列前茅，巴赫因此被誉为“欧洲近代音乐之父”，成为当时“不可超越的大师”。

巴赫出生在德国一个音乐世家，1702 年他从圣·米歇尔毕业，翌年在一家室内乐队当了一名小提琴手。在随后的二十年中，他干过许多行当，做过教师及乐队指挥，还是一位出色的作曲家，但他最终以卓越的风琴家而闻名。

巴赫像

在任克滕宫廷乐长期间，巴赫创作颇丰，而且处境较为顺利，创作了许多重要作品，如《平均律钢琴曲集》上卷、《勃兰登堡协奏曲》、《小提琴独奏奏鸣曲》、《大提琴独奏奏鸣曲》。1723 年，巴赫被任命为莱比锡–托马斯圣咏学校的乐长，直到 1750 年 2 月 28 日逝世，他再也没有回到自己的祖国。在莱比锡，他创作了许多气势恢弘的大合唱曲。

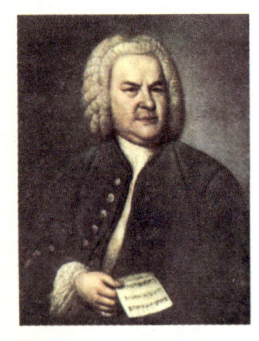

《d小调托卡塔与赋格》

这部作品是巴赫年轻时的管风琴代表作，全曲气势宏伟，主题是带有戏剧性成分的托卡塔与赋格的交替。

乐曲采用D小调，和旋音响洪大给人惊天撼地之感，高贵的情愫随着气势不凡、炫耀辉煌的音乐而腾飞，如同平静的海面突然涌出惊涛骇浪，让人无暇去思考，过后却又回味无穷，美不胜收。

MUSICMASTER 作品赏析 workappreciation

除此之外，巴赫一生还创作了大量体裁广泛、形式多样的作品，其中有大提琴曲、康塔塔、风琴曲、钢琴曲、管弦乐曲及许多宗教内容的声乐、器乐作品，以《D小调托卡塔与赋格》、《布兰登堡协奏曲》、《法国组曲》、《赋格的艺术》、《A小调小提琴协奏曲》以及《马太受难乐》和《B小调弥撒曲》、《农民康塔塔》最为有名。

作为一个虔诚的宗教信徒，巴赫的作品中处处都表达了自己的信仰，而不是狭隘的个人情感。他的音乐大多表现了神圣的主所创造的和谐世界，表达了对主的热情赞美与狂热崇拜，而其清唱剧中千变万化的才华和丰富多彩的灵感更是征服了很多人的心，得到了很高的赞赏。

对身处巴洛克后期的巴赫来说，他身上贯穿着几个世纪以来相对立的种种倾向，他总结、发扬并乘上而启下，最终形成了自己的风格。他通过复调及描述风格，与中世纪和文艺复兴时期的音乐相联系，并把戏剧性的朗诵手法和咏叹调的形式与17世纪的意大利音乐相贯通。此外，他还通过典雅的装饰音乐手法与17世纪的法国音乐相串联，为成熟时期的瓦格纳音乐艺术打下了良好的基础，他也因此被推崇为"最伟大的古典音乐大师"。

【曼陀铃】

曼陀铃是用来描述一种琴的外形的，其大小与小提琴相仿，形状酷似纵剖开的梨，使用八根弦，采用五度间隔的调音法，琴声优美悦耳。曼陀铃琴的主要类型有意大利曼陀铃、平背曼陀铃、乡村音乐曼陀铃。

曼陀罗琴属于旋律乐器，演奏时需要用弹片来拨奏，因为弹奏简单，深受人们的喜爱，逐渐成了家庭乐器。

莱比锡圣托马斯教堂和学校，巴赫曾在此任教。

古典主义音乐强调形式的完美,具有鲜明的线条式的美;浪漫主义音乐则不然,它更注重表达人的感情和精神,含有很多主观和想像的成分,更富有色彩和情感。

【康塔塔】

康塔塔原指声乐说唱的乐曲,后演变成大型声乐套曲,包括独唱、重唱及合唱的形式,是由管弦乐队伴奏的多乐章并且各乐章之间具有一定的连贯性。后来,康塔塔的体裁从抒情性的独唱曲逐渐扩大到歌剧中一场的规模,其合唱类型逐渐取代了室内类型。巴赫的世俗康塔塔和教堂康塔塔,就对其发展具有促进作用。因康塔塔与中国的大合唱体裁特点十分相近,所以在中国一度被误译为"大合唱"。

斯卡拉蒂

Domenico Scarlatti 1685—1757

"L·K·P"已经成为斯卡拉蒂的代表,这是为斯卡拉蒂作品编目的三个人:意大利钢琴家朗戈(Alessandro Longo)、美国古钢琴家柯克帕特里克(Ralph Kirkpatrick)和意大利音乐家佩斯特利(Giorggio Pestelli)姓氏的第一个字母。

斯卡拉蒂是意大利作曲家,出生于那不勒斯的音乐之家,是著名作曲家亚历山德罗·斯卡拉蒂(Alessandro Scarlatti)的第六个孩子。1691年,小斯卡拉蒂就任那不勒斯宫廷的管风琴师和乐师,后到威尼斯师从帕斯奎尼和加斯帕里尼,1970年随父亲移居罗马,任波兰女王玛利亚·卡西米、丰特斯侯爵和圣彼得大教堂的乐师并开始作曲,后又担任里斯本贵族教堂乐师。1729年,他随公主前往马德里,担任宫廷乐师,并继续为她创作奏鸣曲,直到逝世。

对斯卡拉蒂来说,他的创作生涯始于歌剧作曲,共创作了十二首歌剧和一首穿插剧,五十首室内清唱剧,及五百五十五奏鸣曲。其奏鸣曲以三段式为主,篇幅短小,形式多样,内容千姿百态,并运用了分解和弦等技巧,细腻优雅、声部清晰、交响协调、旋律性强、富于歌唱性和抒情性,适合现代欣赏习惯,对后来的海顿、莫扎特等古典主义音乐家产生了深远的影响。此外,他还创造性地运用了一些效果,如双手交叉法、双手八度及内音部的高度震音技巧,大大增强了音乐的表现力和感染力。

除了在音乐创作方面的巨大成就外,斯卡拉蒂对拨弦古钢琴造诣也很深,创作了大量的大键琴作品,比如康塔塔、大协奏曲各十多部,但以500多首单乐章的键盘奏鸣曲最有价值,也最为著名。它们大多以单一的演奏技巧为中心构成,有的借鉴了巴赫的创意曲写法,不仅发展了键盘乐器的技巧和表现手段,同时也反映了西班牙宫廷和民间的生活面貌,质朴清新。

在音乐界的地位上,斯卡拉蒂或许不如巴赫与维瓦尔第,但他在音乐发展历程中发挥了极其重要的作用,他创新的音乐演奏形式——音乐会直到今天还风靡世界,所以他是巴洛克时代优秀的作曲家,更是对后世影响深远的大师。

17世纪的歌舞剧演出,那时教会音乐已经走入了寻常百姓家。

十八世纪的音乐剧排练

亨德尔
Georg Handel 1685-1759

英国著名指挥大师比彻姆说得很精辟："他写意大利风格比意大利人强，写法国曲子比法国人好，写英国音乐超过任何英国人，而且除了巴赫他胜过所有德国人，"他就是亨德尔。

乔治·弗雷德里克·亨德尔出生在德国中部的哈雷镇一个普通家庭，从小喜爱音乐却得不到家人的支持，于是在逆境中度过了童年。一次偶然的机会，让他有机会跟随作曲家、风琴演奏家查豪学习，在此期间，他不仅学习了键盘乐器和作曲，也学会了演奏双簧管和小提琴，并于18岁那年正式开始了自己的音乐生涯。20岁时，由于歌剧《阿尔米拉》上演获得成功，他踏上了去意大利留学的旅程，并于3年后掌握了意大利歌剧艺术的精髓。

1710年，留学归来的亨德尔就任汉诺威选帝侯的宫廷乐长，但他志不在此，而是把眼光瞄向了广阔的海外。当时的英国比德国富裕得多，歌剧艺术在那里也更受欢迎，所以几年后他去了英国，他的到来像清风一般吹散了笼罩在歌剧正处于低谷的英国上空的阴霾。他的歌剧《里纳尔多》在伦敦大获成功，更以一首《女王生日颂歌》让安妮女王对他赞赏有加，终于在英国音乐界站稳了脚。而他1714年创作的欢迎新国王乔治的《水上音乐》一问世便赢得了极高的赞誉，这更使他名声大噪。之后的十余年时间里，他创作了大量的声乐和器乐作品，

【巴洛克音乐时期】

巴洛克是人们对文艺复兴时期艺术形式的称谓，本义是指一种不规则的珍珠，实际上是对华丽、炫耀的文艺复兴时期艺术的贬低，但现在巴洛克已经被公认为欧洲伟大的艺术风格。

音乐的巴洛克时期大约在17世纪到18世纪中期，最早由建筑领域延伸到音乐领域，其最主要的特征是伴奏通奏低音，代表人物有蒙特威尔第、巴赫、亨德尔、拉摩等。

尤其是歌剧,让他成为了欧洲大地炙手可热的明星;作为一位管风琴大师,在当时只有巴赫才能与之匹敌。

似乎一切正朝着亨德尔希望的方向发展,但当风行一时的意大利语歌剧在英国开始衰落时,以意大利正歌剧为创作主体的亨德尔无可奈何地陷入了尴尬的境地,不久便内外交困,并于1737年中风偏瘫。

就在所有人都断言亨德尔将从此沉沦时,这个顽强的人不仅奇迹般地战胜了病魔,并开始全力创作清唱剧,仅用24天就完成了著名的《弥赛亚》的创作。1742年,当《弥赛亚》在柏林上演时,亨德尔顺道拜访了爱尔兰著名文学家斯威夫特,这让病榻上的斯威夫特万分激动:"啊,上帝保佑我在死前见上这个来自德国的天才一面吧!"。

第二年,《弥赛亚》在伦敦上演,就连英王乔治二世也亲临剧院,并被其中的音乐震撼了,他激动地站起来听完了终极曲《哈里路亚》,后来站着听完歌剧便成了一条不成文的规定一直延续到今天。此外,国王还规定,每年只有春天才能演奏《弥赛亚》,而亨德尔是唯一有资格指挥的人,从而保护了《弥赛亚》的地位不会因为演奏过多而受损。

亨德尔画像。

在创作风格上,亨德尔的清唱剧淳朴而真实感人,并在音乐中融入了自己的信仰,其《扫罗》、《以色列人在埃及》、《参孙》都是很好的见证。

1759年春,74岁的亨德尔倒在了耀眼的舞台上,那暴风雨般的掌声为他辉煌的人生画上了完美而壮观的句号。在威斯敏斯特教堂墓地,他静静地躺着,无比荣耀地享受着只有国王和圣贤才能有的待遇,至今他的纪念像还耸立在那里。

回顾亨德尔60年的音乐生涯,我们不得不承认他在乐坛上的不朽地位:他在全欧洲都享有盛誉;他的作品创造性地熔德国严谨的对位法、意大利精湛的独唱艺术和英国优秀的合唱传统于一炉,是世界音乐史上一块不可多得的瑰宝。亨德尔与巴赫、维瓦尔第,共同成就了巴洛克音乐的辉煌。

MUSICMASTER 作品赏析 workappreciation

《水上音乐》

这是一部管弦乐组曲,作于1717年,又称《水乐》、《船乐》,因其在泰晤士河上为国王演奏而得名,但不幸的是《水上音乐》的原始手稿丢失了,以后演奏的均是后人按照复原本复制的。

全部组曲由二十首小曲组成,以法国式的前奏曲开始,紧接着就是各种形式的舞曲,如布莱舞曲、小步舞曲等,其间夹杂有缓慢乐章,并使用了很多乐器,如小提琴、低音提琴、日耳曼横笛、法兰西横笛、双簧管、圆号、小号。

宫廷里的音乐会，当时意大利音乐和法国音乐互相影响很大。

泰勒曼画像。

泰勒曼
Georg Telemann   1681-1767

格奥尔格·菲利普·泰勒曼生于马格德堡一个牧师家庭，1691年开始学小提琴、长笛和键盘乐器。两年之后，因被母亲没收所有乐器，他开始钻研名家总谱，并开始作曲。1700年，他进入莱比锡大学读法律，偶然被同学发现他作品，试奏公演后博得好评，还得到了莱比锡市长的赏识，命他每两周作一部清唱剧，并公开演出，从此声名显赫。21岁那年，他被莱比锡歌剧院聘为音乐指导，两年之后任新教堂管风琴手，并上演了他的大量作品，其中以歌剧《坚忍的苏格拉底》最为成功。1721年，他就任汉堡大教堂乐长，1737年

伊斯曼宁官的音乐会,画家彼得·雅各布·霍雷曼作品的一部分。

后开始到各地采风。

泰勒曼是18世纪中叶德国权威的音乐家,他的创作技巧娴熟,将巴洛克传统对位法、法国的管弦乐和意大利的歌剧色彩完美地结合起来,曲风流畅甘美、结构清晰明快,因而被认为是连接巴洛克后期与新兴的古典乐派之间的过渡人物。他还是音乐理论的权威和有很大影响力的音乐教育家,打破了宗教音乐不能在教堂以外演出的陈规陋俗,开创了现在音乐会的先河。

此外,泰勒曼还是一位多产的作曲家,一生共创作了四十部歌剧,管弦乐组曲一千多首,教堂清唱剧约一千七百五十首,经文歌十六首,受难曲四十六首。他的作品技巧纯熟,内涵丰富,并带有一种豁达的人生观,给人很大的启迪。

对泰勒曼来说,与巴赫、亨德尔处于同一时代,后面有莫扎特、贝多芬,这样的处境未免有些尴尬,他因而显得有些暗淡无光。直到20世纪中叶,他才逐渐被人重视,评价也日高,甚至与巴赫并列。他完全符合一个成功巴洛克作曲家必备的条件,即意法风格的融合,不愧是真正的巴洛克时期作曲家。

【协奏曲】

协奏曲就是竞赛之意,具备精湛技艺的独奏者与乐队进行对话是其最显著的特点。到十六世纪,意大利的协奏曲改变了以往无伴奏的形式而改为乐器伴奏的合唱曲,十七世纪后期又变成器乐套曲,由几件或一件独奏乐器与一小型弦乐队互相竞赛。

古典时期由一件乐器与乐队竞奏的协奏曲叫"独奏协奏曲",而到了巴洛克时期,意大利作曲家托莱里和科莱里又创作了大协奏曲,即用几件乐器组成一组与乐队竞奏演奏,促进了协奏曲的发展与完善。

导读 严谨古典音乐

英国作曲家亨利·珀赛尔

1827年,"维也纳三杰"中的最后一位音乐家,被誉为乐圣的贝多芬在维也纳去世,宣告了严谨古典音乐时期的结束。

通常人们所说的古典音乐是狭义的古典音乐,即从1750年到1827年欧洲的主流音乐。因为当时古典音乐的三位代表人物海顿、莫扎特、贝多芬都在维也纳,古典音乐也被称为"维也纳古典主义音乐"。

提到欧洲古典音乐,不可避免的涉及文艺复兴时期的古典音乐。音乐领域的复兴运动催生了欧洲传统的大小调式,对以后的音乐发展产生重要影响。接下来,音乐进入了飞速发展的巴洛克时期,歌剧、鸣奏曲、协奏曲等新的音乐体裁相继诞生。巴洛克时代后期,古典主义音乐萌芽,而代表巴洛克高峰的巴赫在1750年去世后,欧洲复调音乐出现后继无人的局面。于是,在意大利出现了以简洁实用为主调的音乐,这就是最早的古典主义音乐。

古典主义音乐也像古典主义艺术一样,追求客观的美,注重形式上的匀称、和谐。歌剧曾是巴洛克时期非常重要的音乐形式,但到古典主义音乐时期,也只能退出主体舞台,成为器乐音乐,尤其是奏鸣曲和交响曲的陪衬。古典主义音乐初期主要有三个音乐流派:柏林乐派、曼海姆乐派和早期维也纳乐派。其中曼海姆乐派的影响最为广泛,它最早具有比较完整的奏鸣曲形式,并且率先在交响乐中加入小步舞曲,这两种音乐形式在古典乐派中极具代表性。更为重要的是,曼海姆乐派的室内乐和交响乐,对维也纳乐派的形成产生很大影响,直接影响了少年贝多芬。

维也纳教堂

18世纪的欧洲经历了一场追求自由、平等的思想启蒙运动,于是,各种知识都走向大众化,其中包括音乐。音乐家们开始走出宫廷的桎梏,为普通听众构思创作,使音乐富有愉悦性、易解性和感人的品质。在古典音乐的结构形式中,带有抽象辩证思维的奏鸣曲形式最受青睐,很多作曲家沉浸于奏鸣曲的探索中乐此不疲。当时,奏鸣曲独奏、三重奏、四重奏……合奏都是人们喜爱的曲目。与此同时,由管弦乐队演奏的交响曲也兴盛起来,并将听众群从宫廷贵族转向了普通听众,使器乐进入繁荣时期。

历史进入18世纪下半期,这时,维也纳登上了音乐的历史舞台,成为欧洲音乐的中心,代表着整个西方音乐的最高水平,而维也纳古典乐派也在这里形成。奠定维也纳乐派风格的是音乐大师海顿,他在宫廷中担任乐长长达三十年,一生中的大部分作品都是在此期间完成。海顿有一百多首交响曲，早期作品明显带有巴洛克风格，但到18世纪90年代，他的12首"伦敦"交响曲将他的音乐推到了顶峰。与之相应，海顿的四重奏也日益纯熟，代表作品有"普鲁士"四重奏6首、"俄罗斯"四重奏6首等。海顿的交响乐和四重奏确立了维也纳乐派的体裁和形式，树立了古典音乐的精神风范。

与海顿的长期探索不同，莫扎特在古典音乐方面的成就似乎是一蹴而就的，他在短短的35年生命旅程中，成就了无限辉煌的音乐事业。莫扎特是西方音乐史上少有的最富智慧的音乐家，被誉为"神童"，他的音乐创作囊括了当时所有的音乐体裁，并在每一个涉及的领域都留下骄人的成绩。他是古典音乐时期在声乐和器乐方面都获得成功的唯一一位作曲家。莫扎特的交响乐和四重奏受到海顿的深刻影响，但其《g小调第40交响曲》、《C大调第41交响曲》等作品明显超过了海顿。此外，莫扎特在协奏曲和歌剧方面表现突出，他的歌剧《费加罗的婚礼》、《魔笛》至今仍是经典剧目。莫扎特是使古典主义音乐风格趋向完美的重要的音乐家。

与海顿和莫扎特不同，贝多芬是经济上完全独立的音乐家，他的创作是发自内心，为了理想，而无需为了生活出卖艺术。贝多芬经历了他的前辈所没有经历的法国大革命，这对他的创作影响很大，《第三交响曲》就是最好的证明。贝多芬是古典主义音乐的完善者，但是令人难以置信的是，他的绝大多数音乐作品都是在失去听力的情况下完成的，这也许是他比海顿和莫扎特的作品数量少的原因之一，但是他音乐中的独创性在前两者的作品中很难看到。

奠定贝多芬在音乐史上地位的是他的交响乐，他在继承海顿、莫扎特形成的古典交响曲和奏鸣曲的音乐形式的基础上，将崭新的时代精神注入其中，极大丰富了这些古典主义的经典体裁。贝多芬的交响曲恢弘而激烈的气势达到了前所未有的程度，同时将钢琴的表现力发挥得淋漓尽致，而其钢琴鸣奏曲则被称为"新约全书"。贝多芬是古典主义的完成者，但不可质疑的是，他的音乐精神已经超越了古典主义的范畴，使他成为19世纪浪漫主义的引路人。

1827年，随着贝多芬的去世，严谨的古典主义音乐时期宣告结束。尽管那个时代已经离我们远去，但是它所留下的音乐作品却仍然在影响着这个世界，人们依然可以从音乐中感受到音乐家的精神，或宁静、或典雅、或震撼、或鼓舞、或欢欣、或悲伤、或惆怅。

十八世纪的维也纳

酒神祭
提香作
1477—1576 年

卡尔·巴赫
Karl Philippe Bach 1714-1788

他出生于有"乐坛传奇"之称的巴赫家族,父亲是赫赫有名的约翰·塞巴斯蒂安·巴赫(J.S.Bach)。在父辈们闪亮光环的照耀下,他很好地继承了家族的优良传统和父亲的音乐才华,成了一位成就卓越的音乐家。他就是卡尔·菲利普·埃曼纽·巴赫。

卡尔·菲利普·埃曼纽·巴赫也被称为"柏林巴赫"、"汉堡巴赫",生于德国魏玛,是一位重要的音乐理论家、教师和演奏家。受父亲的影响,他4岁就开始学习管风琴,虽然17岁就进入法律学校,但并没有间断音乐学习。大学毕业后,他进入普鲁士皇宫任羽管键琴师,后来成为腓特烈大帝的宫廷作曲家。这一时期,他的创作以键盘乐独奏曲、协奏曲和交响曲为主。1767年,他被指定为汉堡五个路德教会教堂的音乐主管,这一时期他以宗教乐曲为创作重点。在那个时代,他受到了社会各界的尊重,可以说,他是继J.S.巴赫之后,巴赫家族最有影响的一位音乐家。

在卡尔·巴赫生活的那个时代,音乐正经历一场巨大的变革,众多流派和风格同时并存。受此影响,他的作品继承了巴洛克风格并有所

【巴赫家族】

巴赫家族是罕见的音乐世家,"巴赫"指的是约翰·塞巴斯蒂安·巴赫(J.S.Bach),他被推崇为"西方音乐之父"。巴赫家族从十六世纪开始出现音乐家,到十九世纪末衰落的三百多年间共出现52位音乐家,这是一个人才辈出的家族,也是一个完好继承音乐传统的家族。巴赫家族是音乐界的奇特现象,也是音乐界永恒的佳话。

庭院中的晚会，17世纪的油画作品，由此可以看出当时人们对音乐的喜爱。

发展，形成了"柏林乐派"，成为早期古典主义的代表。他晚期的作品则采用大量半音阶模进乐句，开创了浪漫派风格的先河。

卡尔·巴赫一生作品很多，在18世纪中叶具有典型意义。他尤其精于趣味高雅、曲风简练的作品，对键盘乐器的表现性能有深刻的理解。作为演奏家，他具有惊人的即兴演奏技巧，音色优美、感情真挚。

作为近代奏鸣曲式的创始人，卡尔·巴赫对古典奏鸣曲曲式的发展和完善作出了巨大贡献，并深深影响了后来的莫扎特和贝多芬。他还作有大量声乐曲和器乐曲，包括两部清唱剧《以色列人在荒野》(1775)和《耶稣复活与升天》(1787)，莫扎特曾亲自指挥过《耶稣复活与升天》。此外，他还有数首大合唱、许多奏鸣曲、五十部键盘协奏曲、数集键盘奏鸣曲和几百首古钢琴乐曲。

卡尔·巴赫的音乐论文《真正的键盘乐器艺术》是世界音乐史上权威的音乐理论著作，对后世产生了较大的影响。时至今日，它依然是研究18世纪键盘乐器演奏方法的重要依据。

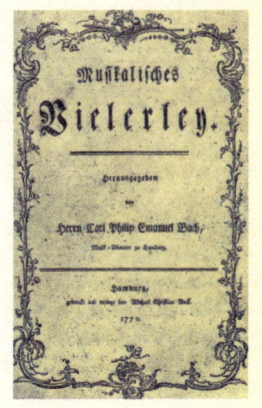

19世纪巴赫作品唱片封面

《C.P.E.巴赫：长笛协奏曲》

《C.P.E.巴赫：长笛协奏曲》创作于1751年，由长笛和弦乐队演奏。这首曲子演奏配合完美，完全是浑然一体，再加上优美的音色和深厚的感情，充分展示出洛可可时期音乐的典雅和华丽气质，给听众一种听觉上的享受，仿佛就像是在参加一场盛宴。

汽玛斯·韦伯斯特的油画《乡间唱诗班》。海顿8岁那年选进了唱诗班。

海顿

Franz Haydn 1732-1809

1791年，海顿在伦敦访问期间出席了纪念亨德尔的音乐会，当他听到亨德尔的名作《哈里路亚》时激动得振臂高呼："亨德尔是我们一切人的先师！"接着便涕泪纵横，全场听众无不肃然生敬。

弗朗兹·约瑟夫·海顿是奥地利作曲家，是维也纳古典乐派的奠基人。孩提时代，海顿就显示了出众的才华，6岁时开始学习乐理和常用乐器哈普西科德小提琴，并在8岁那年被选入唱诗班。17岁时，海顿因变声被解雇，从此开始了艰辛的生活。历经千辛万苦，1756年，他的第一部作品《降B大调弦乐四重奏》问世，1759年，他在捷克莫尔津伯爵府邸中创作了《第一交响曲》。

对海顿而言，1761年对他至关重要。在匈牙利贵族保尔·艾斯特哈齐的帮助下，他有幸成为这位侯爵的宫廷乐师。从

约瑟夫·海顿的肖像

1761年起直至1790年乐队解散，海顿在这最可贵的30年里创作了很多佳作，他的作品体裁和形式丰富，涉及声乐、器乐的各个领域，包括交响曲、弦乐四重奏、钢琴奏鸣曲、弥撒曲和歌剧等。

1791年和1794年，海顿两次访问英国，为扎洛蒙（伦敦著名的小提琴手和音乐经纪人）的音乐会写下了12部著名的"伦敦交响曲"，达到了他创作生涯的高峰。这些卓越的作品不仅唤醒了伦敦听众狂热的热情，也成就了海顿全英国音乐爱好者敬慕的音乐大师的美誉。在伦敦上层社交界和皇室的尊敬与荣誉的不断激励下，晚年的海顿创作了许多经典之作，其中以两部清唱剧《创世记》（1796-1798）和《四季》（1799-1801）最为成功。

海顿早期的作品兼有巴洛克风格和古典风格，经过多年的音乐实践，最终形成了近代交响曲和四重奏曲的曲式。晚期，他的创作达到了纯熟完美的境地，作品具有古典乐派的风格特征：严谨的结构、充满活力的节奏，给人一种清晰明朗的感觉。

海顿对交响乐的发展贡献极大，交响曲的主调音乐风格在他那里焕然一新，音乐语言变得率真、生动，4个乐章的奏鸣交响套曲形式也得到了完善，乐章的艺术思想开始变得统一。在交响曲中，他确立了奏鸣性原则以及近代管弦乐的编制和配器原则，从而奠定了近代交响乐队的基础。

1809年5月31日，伟大的"交响曲之父"和"弦乐四重奏之父"海顿逝世，结束了他的人生交响曲。他的遗体安葬在洪德斯图尔姆公墓，1932年人们为了纪念他在伯格教堂建了海顿陵。

水彩画——《1808年在前维也纳大学会堂演出海顿的〈创世纪〉》

《第一大提琴协奏曲》

这部作品堪称当时大提琴协奏曲的代表，创作于1765至1767年间。作品分为三个乐章：第一乐章节奏舒缓，旋律柔美，大提琴表现出低沉、宽广的个性；第二乐章由大提琴和弦乐器演奏，旋律优雅，静谧而抒情；第三乐章结构与第一乐章相同，但节奏非常快，令人慷慨激昂。总体说来，这部协奏曲相当热情奔放，给人歌调明快、气息清晰、优雅、幽默的感觉，在艺术上也是比较成熟的。

【古典主义乐派】

古典主义乐派兴起于文艺复兴后的意大利，起初分为三个乐派：柏林乐派、维也纳乐派和曼海姆乐派。

该乐派在旋律上讲求平衡俭省，在结构上采用单旋律主调，使听众感受到优雅、清晰均衡的音乐，这也是古典乐派最显著的标志。并且，乐器是这一时期的重要组成部分，不仅交响乐、弦乐四重奏以及键盘奏鸣曲产生了，而且钢琴被广泛地应用。

17、18世纪的佛罗伦萨聚集了很多音乐家,他们在宫廷受到热烈欢迎,这幅画中乐师们在弹奏一首小提琴与羽管键琴奏鸣曲。

莫扎特
Wolfgang Mozart 1756-1791

莫扎特曾说:"人们以为我的艺术得来全不费工夫。实际上,没有人会像我一样花这么多时间和思考来从事作曲;没有一位名家的作品我不是辛勤地研究了许多次。"

沃尔夫冈·阿玛迪乌斯·莫扎特是古典乐派作曲家,1756年1月27日生于奥地利萨尔茨堡,父亲是宫廷乐师。他3岁起就显露出极高的音乐天赋,4岁跟随父亲学习钢琴,5岁开始作曲,6岁便在父亲的带领下开始在欧洲一些国家巡回演出,大获成功,被誉为"神童"。经过十年漫长的巡演生涯,他终于在1772年回到家乡萨尔茨堡,之后在大主教的宫廷乐队里担任首席乐师。

1763年新年,莫扎特一家被邀请到巴黎凡尔赛宫表演。小莫扎特得到站在法国国王身边的荣誉。在法国,通过演出和社交活动,他结识了很多著名的音乐家,欣赏到凡尔赛一流的宗教音乐和古钢琴、管风琴家的演奏。

大主教因为嫉妒莫扎特的才华,便处处刁难他。为摆脱大主教的侮辱与控制,1781年6月,莫扎特毅然辞职离去,之后定居在"音乐之都"维也纳,开始了艰难的自由艺术家的生涯,那年他年仅25岁,正是风华正茂的年纪,但谁能想到他离生命的终点仅仅只有10年。

莫扎特虽然英年早逝,却创作出了数量惊人的音乐瑰宝,而且体裁形式涉及各个领域,歌剧是他的主要创作领域之一,他与格鲁克、瓦格纳和威尔第并称"欧洲歌剧史上四大巨子"。莫扎特共

图为约瑟夫二世时期维也纳共济会分会入会仪式的情景。海顿在维也纳结识了莫扎特,两人自此成为挚友。最左端为莫扎特。

创作了22部歌剧,他的歌剧旋律优美流畅,极具感染力。无论是什么类型的音乐,他都可以把人物塑造得栩栩如生、个性鲜明,其中《费加罗的婚姻》、《唐璜》和《魔笛》最具代表性。

交响乐是莫扎特创作的另一个重要领域,他与海顿、贝多芬一起为欧洲音乐史写下了最光辉的一页。他早期的交响乐受到不同风格的影响,因而带有明显的模仿的痕迹,总体看来他所有的作品都充满了豪迈乐观的感情,代表作品有《降E大调第三十九交响曲》、《g小调第四十交响曲》等41部。

除此之外,莫扎特还是钢琴协奏曲的奠基人,写了钢琴协奏曲27部,对欧洲器乐协奏曲的发展作出了巨大的贡献。另外,他还作有小提琴协奏曲6部以及大量各种体裁的器乐与声乐作品。

1791年,贫病交加的莫扎特在维也纳逝世,享年35岁。他以短短的35年生命,为人类音乐宝库留下了巨大的财富。美国音乐学者约瑟夫·马克利斯曾这样评价他:"在音乐历史中有这样一个时刻:各个对立面都一致了,所有的紧张关系都消除了。莫扎特就是那个灿烂的时刻。"

作品赏析

《后宫诱逃》

三幕喜剧《后宫诱逃》由斯泰法尼编剧,莫扎特谱曲,1782年7月16日在维也纳布尔格剧院首次公演,造成轰动。这是莫扎特的第一部喜剧作品,带有鲜明的时代与人文主义特征。莫扎特在音乐结构上有所突破,音乐与戏剧的情节完美地结合在一起。此外,重唱成了推展故事高潮的手段,剧中人物不再是单一类型,他们极具个性而且感情丰富,无论是情人、仆人,还是守卫、国王,个个都是真正鲜活的人物,这使得本剧真实感人。

【维也纳古典乐派】

维也纳古典乐派形成于18世纪中叶,是指"交响乐之父"海顿、"音乐天才"莫扎特和"乐圣"贝多芬三位音乐大师先后在维也纳生活和创作而形成的一个群体,人们通常称这个群体为"维也纳古典乐派"。它的主要特征是强调高雅的风格、优美的意境和进取的精神,主要反映人类的思想要求,用乐观的精神去鼓舞人们。

贝多芬正在思考作品《田园交响曲》。

贝多芬的唯一一部歌剧《费德里奥》1814年在维也纳上演的情景。

贝多芬

Ludwig Beethoven 1770-1827

　　三十多年的耳聋给贝多芬带来了极大的痛苦。到了生命的最后一刻，他断断续续地说："到了天堂，我就能听得见了"，床旁侍候的人无不潸然泪下。这位意志力极其坚强的作曲家没有让耳聋挡住创作的脚步，他用音乐扼住了命运的喉咙。

　　路德维希·凡·贝多芬是德国最伟大的音乐家、钢琴家，也是维也纳古典乐派代表人物之一，与海顿、莫扎特一起被后人称为"维也纳三杰"。贝多芬出生于一个穷苦的音乐家庭，在父亲的培养下，年幼的他便对音乐产生了极大的兴趣。1789年，他进入波恩大学，在那里接触到了康德的哲学论著和古希腊文学，并受到法国资产阶级革命启蒙思想的启迪，这对他产生了深远的影响。

1784后的8年里，贝多芬担任宫廷副管风琴师，从1788年起又兼任宫廷乐队的第二中提琴手。1787年4月，贝多芬赴维也纳观光，他的即兴演奏得到了莫扎特的赞赏。1792年，22岁的贝多芬第二次到达维也纳，师从海顿学习作曲。但因性格大相径庭，贝多芬在海顿的推荐下转入著名理论家J·G阿尔布雷希茨贝格尔门下，学习对位法，同时也跟随意大利歌剧作家A·萨列里学习歌曲写作。出色的才华加上波恩的大力举荐，贝多芬迅很快被维也纳上流社会接纳，而且还得到了利希诺夫斯基亲王和夫人的宠爱。

贝多芬早期的音乐受海顿和莫扎特宫廷音乐风格的影响，个性并不鲜明。而在后期的作品中，他强烈的个人风格开始显现出来，音乐成为他追求理想的"工具"。

音乐在贝多芬的创作下焕然一新，为了加强曲子的表现力，他在作曲技术上扩充了奏鸣曲式结构，并用谐谑曲代替小步舞曲。贝多芬的谐谑曲与众不同，在他笔下，轻快的节拍中既能表现出严肃端庄也能表现出悲壮，汹涌澎湃、气概不凡。更可贵的是，贝多芬在《第九交响曲》中加入了合唱，扩大了交响曲的表现能力与氛围，成为交响曲中的壮举。

贝多芬继承了德奥作曲家巴赫、海顿和莫扎特的音乐精髓，集古典主义之大成。他作品中所表现出的豁达乐观的精神反映了资产阶级上升时期的进步思想，而且作品中的思想和形式开始统一，主题变得鲜明，开辟了浪漫主义乐派个性解放的新方向。其中，《第三交响曲（英雄）》、《第五交响曲（命运）》、《第六交响曲（田园）》、《第九交响曲合唱》、《悲怆奏鸣曲》和《月光奏鸣曲》是他最著名的作品。

贝多芬是音乐史，也是整个西方文化史上最了不起的艺术家之一，他的名字跟莎士比亚、达·芬奇一样家喻户晓。

贝多芬画像

《第九交响曲》

这部作品由贝多芬作曲，大约创作于1819与1824年间，是他音乐创作生涯的最高峰和总结，首演于维也纳凯伦特纳托尔剧院。这是一首宏伟而充满哲理性和英雄性的壮丽颂歌，乐曲的第一、第二乐章均采用小调，贝多芬早年的命运多舛，痛苦与绝望在此淋漓尽致地表现出来。在他与命运顽强抗争的过程中，慢慢地，痛苦转为宁静（第三乐章），到最后他终于大彻大悟，完全得到解脱，得到了真正的、永恒的、最终的欢乐（第四乐章）。作者借这部作品表达了人类寻求自由的斗争意志，并坚信这个斗争会以人类的胜利而告终，从而使人类获得欢乐和团结友爱。

【音乐之都维也纳】

维也纳曾是古典音乐的孕育地，是舞蹈音乐的摇篮。音乐是维也纳人的生命，人们需要音乐就如同他们需要面包一样。维也纳国家歌剧院是音乐之都的显著标志，直到现在它仍然是世界歌剧的中心，维也纳交响乐团也是世界上最受欢迎的乐团之一。

维也纳不断地孕育出天才的音乐家，如贝多芬、莫扎特、约翰·施特劳斯等，不愧是"音乐之都"。

圣塞西莉亚
普桑作品

帕格尼尼
Niccolo Paganini 1782-1840

帕格尼尼像

1840年5月27日，帕格尼尼在法国尼斯去世，享年58岁。著名的匈牙利音乐家弗朗兹·李斯特怀着无限悲痛的心情在讣告上写道："我毫不犹豫地说，再也不会有第二个帕格尼尼了。"李斯特非常欣赏帕格尼尼，他的作品也受到帕格尼尼的影响，所以这话也许带有主观感情，太绝对化了，但是在音乐史上，帕格尼尼的地位确实不可或缺。

帕格尼尼是意大利小提琴大师、作曲家，出生在一个商人家庭，父亲是一个吉他和曼陀铃业余爱好者，很重视对他的艺术培养。帕格尼尼幼年时便充分显露出音乐才能，八岁就写小提琴奏鸣曲，并在三年后举行的热亚那公开演奏会上获得极大成功，开始了他的演艺生涯。

1795年，13岁的帕格尼尼开始旅行演出，1805年任卢加宫廷乐队小提琴独奏家。1825年后，他的足迹遍及维也纳、德国、巴黎和英国，1828年在维也纳、1831年在巴黎和伦敦的演出都引起了极大轰动，此后盛况历久不衰。1833年，51岁的帕格尼尼定居巴黎，再也没有回到他的祖国。

帕格尼尼这个名字，总是与小提琴有着不解之缘，人们在他去世10年后将他的作品编辑出版，总共包括50首小提琴曲、12首小提琴与吉他奏鸣曲、6首小提琴协奏曲，其中，《b小调第二小提琴协奏曲》至今仍是音乐会上常见的曲目。

与小提琴方面的巨大成就相比，帕格尼尼在其他方面的造诣则鲜为人知。他是一名优秀的吉他演奏家，为了潜心研究吉他，他曾放弃了公开的小提琴演奏活动达数十年之久，共创作了200首吉他曲。

帕格尼尼最辉煌的成就在于演奏自己的作品，他革新了小提琴的演奏技巧，广泛地使用泛音和拨奏。为了丰富小提琴的表现力，他将吉他的技巧融入小提琴的演奏中，为小提琴演奏艺术的发展作出了贡献，也还影响了钢琴的技巧和作品。其代表作有《bE大调协奏曲》、《二十四首随想曲》、《女巫之舞》、《无穷动》、《威尼斯狂欢节》、《军队奏鸣曲》、《拿破仑奏鸣曲》、《爱的场面》、《魔女》、《D大调小提琴协奏曲》。

帕格尼尼被誉为"小提琴之神"和"音乐之王"，李斯特、舒曼、勃拉姆斯、柏辽兹等人的创作和演技都受过他乐曲和演奏的影响，歌德评价他是"在琴弦上展现了火一样的灵魂"。

帕格尼尼作品专辑封面

《二十四首随想曲》

无伴奏小提琴作品《二十四首随想曲》是帕格尼尼不到20岁时所作的，因它丰富的音乐内容最能考验演奏者对音乐的悟性，而成为小提琴技术锻炼的重要练习曲，也是小提琴音乐的珍品，其中，以第二十四首《a小调随想曲》最为有名。

作品包含主题和11个变奏，主题节奏富于弹性，给人轻快活泼的感受，以下11个变奏与主题的调性和节拍完全吻合。作曲家用俭省的音乐语言，表现了热情奔放、意气风发的浪漫主义精神境界。

这首曲子也给和帕格尼尼同时代的作曲家带来不少创作灵感，如勃拉姆斯、舒曼、李斯特都曾将部分乐曲改编为钢琴曲，或者配上钢琴伴奏，这大大丰富了世界音乐宝库。

和浪漫主义的绘画作品一样，在音乐方面，浪漫主义作曲家强烈地表现出自己的癖好，这与受形式支配的古典主义格格不入。

导读 浪漫主义音乐

浪漫主义原指用罗曼语写成的故事或诗歌，是罗曼文学中的重要组成部分。到18世纪末19世纪初，欧洲文学史家用这个词来称呼这一时期盛行的文艺和思想的流派。浪漫主义最主要的特征是放纵的想像和追求冒险，从一开始就与古典主义形成鲜明的对比。作为一种文学思潮，浪漫主义文学推动了欧洲文学的发展，而在音乐领域，浪漫主义音乐也起到了同样的作用。

浪漫主义最早用于音乐的时代已经不得而知，通常人们将贝多芬逝世的1827年作为浪漫主义音乐的起点，直到20世纪初结束，前后不到一百年。浪漫主义音乐通常又被认为是音乐派系之一，因此也称"浪漫乐派"或"浪漫派音乐"。与以往音乐不同，巴洛克音乐以通奏低音代替文艺复兴时期的复调；古典主义音乐又用主调取代巴洛克音乐的复调；但浪漫乐派并没有诸如此类的制胜法宝。以至有人认为浪漫乐派只是古典主义的合乎逻辑的发展，但与之矛盾的是，几乎所有人都认为浪漫主义激昂的感情激流冲垮了古典主义理性的王国。

浪漫主义音乐形成时，正值法国复辟与反复辟较量的动荡时期，受时代影响，这一时期的音乐作品无不与社会的曲折变动相联系，表达了人们强烈的骚动不安的情绪，以及想要超越现实，追求永恒的心态，这一点从柴可夫斯基的《悲怆交响曲》、柏辽兹的《幻想交响曲》中可见一斑。

抒情旋律是浪漫主义音乐的重要特征之一，歌唱家们开始从先前的炫技性旋律转向适应表情的需要，这在舒伯特的交响乐中有很好的体现。事实上，"歌唱的旋律"并不是浪漫乐派的新创造，但它的优越地位已经成为浪漫乐派的一个明显特点。柴可夫斯基对抒情旋律的重视甚至影响到了奏鸣曲。

尽管浪漫乐派十分注重抒情旋律，但其最显著的建树却在于和声与音响色彩。浪漫乐派的作曲家在保存原有调性和声系统的情况下，使用等音变换的转调、变化音以及附加音；增加不协和和弦、七和弦、九和弦等，尽可能地扩展了调性和声，和声的技巧变得越来越复杂。更为重要的是，浪漫乐派的和声不仅是音乐结构的一部分，更成为表达感情的需要。相应的，是音响的发展，由于原有乐器的改善和新乐器的产生，很多新奇乐器组合后出现了新颖的音响效果，极大丰富了管弦乐队的调色板。而乐队规模的无限扩大，则直接导致了指挥家的出现。

由于浪漫乐派的作曲家们更加注重感情的表达，因此对形式上的均衡和对称并不特别在意，当他们试图用管弦乐队构筑一部首尾连贯的大型作品时，常常会借助于一些戏剧性标题的形式，而这就是新的综合性的音乐形式——标题交响音乐。柏辽兹是这种体裁的最早实践者，随后，李斯特和理查·施特劳斯又将其进一步发展，创造出了交响诗。与此同时，一些作曲家对钢琴小品和艺术歌曲产生了浓厚的兴趣，于是，这两种体裁在19世纪的欧洲首次得到推广。

然而，音乐的发展是永无止境的，就像巴洛克音乐最终被古典主义音乐取代，而浪漫主义又取代古典主义音乐一样，浪漫主义之后必然又会出现反对力量。尽管浪漫主义晚期仍有很多杰出的作曲家们，并拥有大量作品，但是他们却无法阻止时代的步伐。1883年瓦格纳去世，浪漫主义音乐步入低谷，在之后三十年内就几乎耗尽了所有力量。

舒伯特用钢琴、大提琴、小提琴等乐器谱成的《鳟鱼》五重奏，描述的正是图中的场面。

舒伯特
Franz Schubert 1797-1828

奥地利作曲家弗朗兹·舒伯特是早期浪漫主义音乐的杰出代表之一，在世界音乐史上占有重要的地位。他生前并未引起音乐界的重视，甚至遭受到种种歧视，但在他死后，人们对他的评价越来越高，甚至与莫扎特、贝多芬齐名。

舒伯特，出生于维也纳，父亲是小学教师，母亲是厨师。11岁时进入一所提供食宿的神学寄宿学校，并被选入该校的唱诗班和校乐队。在神学学校期间，他不仅学到了很多音乐技能和理论，并接触了一些杰出音乐家的作品，这一切都为他以后的音乐之路打下了坚实的基础。之后，他在音乐方面的才能逐渐地显现了出来，1811年，他创作的歌曲《夏甲的悲叹》，如今依旧经常出现在世界级音乐会上。1813年，他因变声离开神学院，到父亲所在的学校开始了为期三年的助理教师生涯。

与此同时，舒伯特的作曲天赋被当时著名的作曲家安东尼奥·萨列

【序曲】

序曲是歌剧、清唱剧、舞剧等作品的开始曲，是器乐体裁之一。早期的序曲没有固定的形式，直到法国序曲和意大利序曲出现之后，序曲才开始规范化。法国序曲常用复调手法，形成慢－快－慢的结构，旋律恢弘、庄严，又不失活泼。意大利序曲的却恰恰相反，形成快－慢－快的结构，音乐活泼而有力。

里发现，并得到其精心指导，于是他终于有机会接受正规的音乐教育。

1818年，21岁的舒伯特摆脱掉助理教师职务的束缚，开始全心创作。然而，没有响亮的名声，使他成了出版商剥削的对象，他赖以生存的稿费少得可怜，如举世闻名的歌曲《流浪汉》，出版商给他的报酬就只有两个古尔盾，而出版商在此曲上的盈利却高达27000个古尔盾，他的生活异常窘迫。他经常需要在朋友的接济下度日，即使是这样，也没有打击他对音乐的热忱，与此同时，奥利地的民族解放事业正在轰轰烈烈地进行，在爱国热情的鼓舞下，他创作出了大量的爱国歌曲，其中包括《纺车旁的格雷欣》、《牧童的哀歌》、《魔王》等出色作品。然而，长期的贫困让舒伯特的身体状况越来越糟糕，并最终导致他英年早逝。

舒伯特非常崇拜贝多芬，曾将自己的作品献给他，并在1827年贝多分病危期间两次去探望。也是在这一年，舒伯特参加了贝多芬的葬礼。令人们没有预料到的是，一年后，年仅31岁的舒伯特也走完了他的人生之旅。遵照他的遗愿，他的遗体被安葬在贝多芬墓旁。60年后，舒伯特和贝多芬一起被迁葬至维也纳中央公墓，原来的墓地被改为舒伯特公园。

舒伯特的一生是短暂的，却留下600多首委婉动听的艺术歌曲，包括6首序曲、9部歌剧、24首室内乐、22首钢琴鸣奏曲、4首小提琴鸣奏曲和许多其他作品，其中最有代表性的有《魔王》、《菩提树》、《鳟鱼》、《野玫瑰》、《小夜曲》、《悲剧交响曲》、《第五交响曲》、《第九交响曲》，他也因此被誉为音乐史上的"歌曲之王"。

舒伯特的音乐因善于用富有表现力的旋律来表达感情而风格独特，有人说舒伯特的音乐既有莫扎特音乐的强烈性，又有海顿音乐的欢快明亮，而其器乐曲中的宏大结构又有贝多芬交响乐的恢弘，这种评价再恰当不过。尽管舒伯特英年早逝，但他在音乐上所作的贡献越来越被后人重视，并影响了门德尔松、舒曼等一批优秀的音乐家。

钢琴，往往是艺术家创作灵感的重要表达工具，舒伯特的作品《冬之旅》，世人百听不厌。

作品赏析 workappreciation

《魔王》

这部作品是舒伯特最著名的歌曲之一，创作于1815年，是一首戏剧性、艺术性很强的叙事歌曲。这部作品以德国诗人歌德的叙事诗《魔王》为词，通过旋律、音调、演唱者不同的音色和感情变化来表现曲中四个不同的人物形象。这部作品最显著的特点是保持了结构和形式两者的完美统一。

《小夜曲》

《小夜曲》是舒伯特逝世前不久完成的作品，原为声乐套曲《天鹅之歌》的第四首。这部作品分两段，第一段旋律轻盈婉转、柔和明亮，整个世界被爱情的甜蜜所充斥；第二段音调突然变得非常激动，推动全曲达到高潮，接着音律由强变弱，优美的爱之歌在恬静的夜色中渐渐远去。

《柏辽兹的住所和亨利四世猎屋》，尤特里逻作品。尤特里逻是 20 世纪法国画坛最杰出的天才画家之一，享有"巴黎之子"的美誉。

柏辽兹

Hector Berlioz 1803–1869

柏辽兹的像画

赫克托·路易·柏辽兹是法国的作曲家，浪漫主义乐派的杰出代表人物。他在创作中追求创新，善于用清新、明快的配乐效果来增强交响乐的表现力，而他所著的音乐技术理论书籍《配器法》更是被奉为经典文献。柏辽兹甚至与法国浪漫主义文学大师雨果、浪漫派画家德拉克洛瓦一起被称为"法国浪漫主义三杰"。

柏辽兹出生在法国南部一个医生家家庭，自幼酷爱音乐，乡村那种气派宏伟、表情深厚的教堂音乐深深地打动了他。父亲希望柏辽兹能继承自己的事业，成为一名医生，于是在 1821 年将他送去巴黎学习医学。但他对医学没有丝毫兴趣可言，不顾父亲断绝生活费的威胁，毅然走上了音乐的道路。1826 年，柏辽兹如愿以偿地考进了巴黎音乐学院，师从当时的著名作曲家勒须尔。在学习之余，他被雨果、巴尔扎克、海涅等进步人士的作品深深吸引，也恰恰是这些作品中的民族激情一度影响了他的创作。

1830 年对柏辽兹来说是极为重要的一年，他的作品《莎丹那怕尔》获得了巴黎音乐学院的罗马大奖，并因此得到赴罗马学习两年的国家奖学金。尽管如此，《莎丹那怕尔》却不能代表柏辽兹的创作风格，他这一年的最大成就是完成了成就其一生地位的《幻想交响曲》，并在首演后大获成功。《幻想交响曲》把标题的意义直接引入音乐，这在法国引起了一场音乐革命，标志着交响乐得到了具有历史意义的革新，同时也奠定了柏辽兹作为法国浪漫主义乐派代表人物的地位。

两年后，柏辽兹从罗马返回巴黎，创作也进入了旺盛期，在几年的时间内完成了第二交响曲《哈罗尔德在意大利》、第三交响曲《罗密欧与朱丽叶》、第四交响曲《送葬与凯旋交响曲》、神剧《基督的童年》、《感恩节》以及多部浪漫主义乐曲。在此期间，柏辽兹还致力于音乐评论活动，其评论最突出的特点在于倡导艺术形式的革新及体现进步的美学思想，也正是这些标新立异的观点使他成为对后世影响极大的音乐评论家。

柏辽兹在蒙马特尔的家。

从1842年开始，柏辽兹的生活进入了不安定状态，他先后到德国、意大利、俄罗斯、英国等欧洲国家旅居。在此期间，他为了谋生一边创作乐曲，一边担任乐团指挥，甚至做过新闻记者，此时他早期作品中的浪漫主义锐气也开始削弱。十年后，柏辽兹被任命为巴黎音乐学院图书馆馆长，但这并没有改变他的困顿生活，他仍然坚持继续创作和不断演出，直到去世前一年还不顾病魔的折磨前往摩纳哥和突尼斯演出。这也是柏辽兹最后一次出国演出，返回巴黎后他一病不起，于1869年3月8日病逝。

柏辽兹一生致力于标题音乐创作，为标题音乐的完善和发展作出了贡献。他把"固定乐思"的创造手法运用于他的交响乐、管弦乐、歌剧和传奇剧中，其中为我们熟悉的有《送葬与凯旋交响曲》、《罗马狂欢节序曲》、《海盗序曲》、《李尔王序曲》、《阿尔瑟斯特》、《特洛伊人》、《本维努托·切里尼》、《浮士德的沉沦》；此外，他还创造了新管弦乐法，不仅扩大了管弦乐队的规模，还使各种乐器的表现力发挥到了极致。这一切，对欧洲的音乐文化产生了重大影响。

【浪漫主义乐派】

浪漫主义乐派产生于19世纪初，是继维也纳古典乐派之后一个极具影响力的音乐流派。在内容上，浪漫主义乐派的音乐家们崇尚对主观感情的表达，包括对自然的热爱、对未来的幻想等等；在形式上，浪漫主义乐派在古典乐派的基础上有所创新，将音乐与诗歌、戏剧、舞蹈等多种艺术表现方式结合起来，使音乐成为一种综合的艺术。

浪漫主义乐派创立了多乐章和单乐章的标题音乐，这也是浪漫主义音乐的重要表现形式。与古典主义音乐的严谨、典雅、端庄相比，浪漫主义音乐更注重强烈、自由奔放的风格，故有人将古典音乐比作黑白版画，而将浪漫主义音乐比作五彩油画。

《幻想交响曲》

1827年，柏辽兹陷入了情感的泥潭不能自拔，为了纪念自己失落的爱情，他创作了《幻想交响曲》。这部作品在标题音乐和配器方面对后来的浪漫主义音乐产生了很大影响。

全曲共分为五个乐章，标题是整个音乐的灵魂，第一乐章"梦幻、热情"，第二乐章"舞会"，第三乐章"原野风光"，第四乐章"走向断头台"，第五乐章"魔鬼的晚会之梦——魔女的回旋曲"。全曲演绎了一个狂热的艺术家在梦幻中看到自己恋爱、失恋、被判刑的整个过程。

约翰·施特劳斯画像

这是美国19世纪一本歌曲书的封面,可见当时的施特劳斯已经声名远播。

老约翰·施特劳斯
Johann Strauss   1804-1849

19世纪,留声机的出现为音乐插上了翅膀,促进了古典乐的传播。

施特劳斯家族是19世纪奥地利维也纳有名的音乐世家,音乐界通常提到的施特劳斯父子共包括4人,即约翰·施特劳斯和他的三个孩子约翰·施特劳斯、约瑟夫·施特劳斯和爱德华·施特劳斯,因为约翰·施特劳斯和他的一个孩子同名,人们通常在他们的名字前面冠以"老"、"小"加以区分,而老约翰·施特劳斯便是本文的主人公。

老约翰·施特劳斯是奥地利作曲家、浪漫主义音乐家、圆舞曲的创始人之一,于1804年3月14日出生在奥地利。助产士的姗姗来迟,差点使这位伟大的音乐家与世界绝缘。似乎命运在考验这个天生羸弱的孩子,7岁时,施特劳斯的母亲去世,12岁时,父亲也溺水身亡,他在以后的日子里不得不跟继父母一起生活。一年后,他被送到一位书籍装订匠那做学徒,在此期间,他学会了小提琴和中提琴的演奏技巧,15岁便成了当地最著名的舞会乐团迈克尔·帕默乐团的一名小提琴手。不久,他又转入了约瑟夫·兰纳组成的"兰纳四重奏"乐团,担任中提琴手。

在兰纳的乐团历练几年之后,施特劳斯的演奏技巧日益精湛。一次偶然的机会,施特劳斯所作的一首曲子以兰纳的名义演出,出乎意料地得到热烈欢迎,这使施特劳斯认识到了自己的才华。1825年,施特劳斯离开兰纳乐团,组建了自己的乐队,并为乐队谱写作品,也就是在这一年,他结了婚,后来生了同样是音乐家的三个孩子。

凭借出色的音乐才华,施特劳斯很快成为维也纳最受欢迎的作曲家,他的乐队也迅速扩大,到1830年已经扩展为8个乐队,乐师多达200人。当时一位记者这样描述施特劳斯受欢迎的程度:"乐队演奏着时兴的圆舞曲……指挥席上,站着那位'奥地利的拿破仑'即约翰·施特劳斯。"1834年,施特劳斯开始欧洲之旅,并先后以完美得无懈可击的音乐征服了德国、法国、比利时和英国,英国维多利亚女王甚至还邀请他在自己的加冕典礼上演奏。

约翰·施特劳斯的音乐会。

老约翰·施特劳斯一生共谱写了150多首圆舞曲和数十首波尔卡和进行曲,但他最大的成就莫过于圆舞曲。在他和作曲家约瑟夫·兰纳的共同努力下,圆舞曲由原来的较慢、节奏感不强的乡间舞曲,发展成为一种结构紧凑,由序曲、圆舞曲、尾声、三到五支小圆舞曲互相承接组成的全新音乐形式,乐曲表达的内容也较以前更为深刻,奠定了圆舞曲的基础。老施特劳斯也因此被人们称为"圆舞曲之父"。

老约翰·施特劳斯的代表作品有《拉德茨基进行曲》、《安娜波尔卡》、《莱茵河女妖罗蕾莱》、《维也纳人的情感》、《维也纳嘉年华》,其中《拉德茨基进行曲》最为著名,如今已经成为每年维也纳新年音乐会的必演曲目。

1849年9月25日,老施特劳斯因猩红热在维也纳去世,享年45岁。两天后,有十多万人参加了他的葬礼,所有维也纳钟楼上的大钟都在为他哀鸣,直至他被安葬在德布尔公墓。1904年,他的遗体被移葬至象征无上荣誉的维也纳中央公墓。有人这样评价施特劳斯:"没有施特劳斯的维也纳就像失去了多瑙河的奥地利。"

【维也纳轻歌剧】

轻歌剧流传到维也纳之后被注入了新的生命力。在这里,轻歌剧和圆舞曲被完美地结合在一起,幽默的情绪充斥在整个歌剧中,使得轻歌剧的音乐更加欢快,曲调优美、韵味无穷。而老约翰·施特劳斯的《吉卜赛男爵》,更是把维也纳轻歌剧推向了顶峰。

MUSICMASTER 作品赏析 Workappreciation

《拉德茨基进行曲》

《拉德茨基进行曲》是一首充满爱国激情的进行曲。这首曲子由两部分构成,前一部分旋律辉煌热情,节奏活泼欢快,后一部分节奏沉稳清晰,情感浓郁。这部作品整体的结构简洁工整,音乐形象鲜明,成为流传最为广的进行曲之一。

门德尔松
Felix Mendelssohn 1809-1847

他把古典主义的传统与浪漫主义气质相结合，赋予了作品一种诗意的典雅，成为和莫扎特具有同等声誉的最完美的曲式大师。其音乐因在古典的曲式中融入了柔美的自然风光，所以被称为"描绘性浪漫主义"。他就是与舒曼同为德国浪漫主义音乐杰出代表的门德尔松。

德国作曲家、指挥家费利克斯·门德尔松，出生于汉堡一个犹太家庭，祖父摩西·门德尔松是哲学家，父亲是成功的银行家，母亲是钢琴家，同时也是他的钢琴启蒙老师，姐姐范尼·卡西里同样是一位在钢琴和作曲方面的可造之材，也是其珍贵的挚友。门德尔松就是在这种即具有文化修养又极其融洽的环境中成长的。

门德尔松在钢琴方面极有天赋，10岁时就为《诗篇19》谱曲，16岁发表了第一首杰作《弦乐八重奏》，一年之后又完成了《仲夏夜之梦》序曲，1829年更是成功地指挥了巴赫的《马太受难曲》。之后，他开始了漫长的旅行演出生涯，其间，他结识了舒曼、肖邦、李斯特等人。优美的异国风情，愉快的旅程激发了门德尔松的灵感，他相继创作出了大批优秀的作品。但不幸的是，他的健康却每况愈下，1847年他心爱的姐姐的去世更是让他脆弱的心灵遭受了沉重的打击，半年后他就随胞姐而去了，年仅39岁。

在其短暂的一生中，门德尔松创作了大量精美、幽雅、华丽的音

德国街景，门德尔松曾在1834年和肖邦等人在莱茵河地区旅行演奏。

【《仲夏夜之梦》序曲】

《仲夏夜之梦》序曲是音乐史上第一部被誉为浪漫主义标题性音乐序曲的作品，其最大的特点是叙述性及戏剧性。

这部作品在神秘的自然背景下，展现了一对年轻恋人的不幸遭遇及勇敢抗争，并最终终成眷属的过程。全曲旋律明快、轻盈、粗犷而有力，年轻人的激情与活力充斥在整个乐曲中，是门德尔松年轻时代的经典之作。

乐作品。在这些作品中，浪漫主义气质与古典主义完美结合，人们因此而称赞他是作曲家中的抒情风景画大师。其早期的作品以《仲夏夜之梦》、《e小调小提琴协奏曲》成就最高，《仲夏夜之梦》序曲的曲调明快、欢乐，是门德尔松创作历程中的一个里程碑，它充分表现出他的创作风格及独特才华；《e小调小提琴协奏曲》旋律热情、活泼，充满了柔美的诗意，是举世公认的精品。而他后期作品的题材更加广泛，有交响曲、管风琴奏鸣曲、协奏曲、清唱剧、合唱音乐、室内乐、钢琴曲，其中，《第一钢琴协奏曲》、《苏格兰交响曲》、《芬格尔山洞》、《无词歌》、《意大利交响曲》都很优秀。难能可贵的是，门德尔松的作品不仅长期受到世界各国人民的喜爱，还对欧洲一些国家的民族音乐产生了重要影响。

这是歌德的画像，门德尔松与歌德交情深厚，他们相互获取了很多创作灵感。

门德尔松还首创了一种小型器乐体裁，它的旋律广泛，大部分类似于歌曲，但没有歌词，伴奏也极简单，人们习惯性地称其为"无词歌"或"无言歌"。在十年的时间里，他创作了近五十首无言歌，其中以《春之歌》最为著名。

除此之外，门德尔松在音乐界的最大贡献是他再次让人们欣赏到几乎被遗忘了一百多年的巴赫的《马太受难乐》。通过这次演奏，巴赫的音乐开始在乐坛复兴，人们重新认识了巴赫，这是音乐史上的最重大事件。值得一提的是，他还创办了德国第一所音乐学院——莱比锡音乐学院，为近代的音乐教育发展奠定了坚实的基础。

MUSICMASTER 作品赏析 workappreciation

《婚礼进行曲》

在音乐史上，"婚礼进行曲"以瓦格纳的《婚礼进行曲》和门德尔松的《婚礼进行曲》最为出名。在西方，新娘入场时演奏瓦格纳的《婚礼进行曲》，步出教堂时奏门德尔松的《婚礼进行曲》，因前者庄重肃穆，后者活泼激情。

门德尔松的《婚礼进行曲》，原为歌剧《仲夏夜之梦》的第五幕前奏曲，它曲调激昂，充满了美妙的幻想和浪漫的情趣。瓦格纳的《婚礼进行曲》，原为歌剧《罗恩格林》第三幕开始时的一段混声合唱《婚礼大合唱》，因其曲调幽雅充满抒情性，后常被用于婚礼音乐，于是人们以后习惯性地称其为《婚礼进行曲》。

绘画作品《肖邦之死》。1849年,肖邦患了肺结核,临终前留下遗嘱:将自己的心脏带回祖国波兰埋葬。

肖邦
Fryderyk Chopin 1810-1849

他在这个世界上只行走了短短的39年,而在身后,他的名字却和他的祖国并列在一起,以他的名字命名的国际比赛已经举办了七十多年。波兰辽阔的大地和馥郁花香的土壤,为肖邦的音乐注入了灵魂,而肖邦的琴键抖动出的行板,成为波兰献给世界的爱的礼赞。

弗利得利克·肖邦生于波兰华沙的近郊热里亚佐瓦·沃利亚。肖邦从小就显示出天才的音乐才能,不仅能弹钢琴,并能作曲。七岁那年,他发表了第一首作品——小调波兰舞曲。八岁时,他举行了第一次公开的演奏。尽管他的父亲曾参与过抵抗当局的民族独立运动,但这不妨碍小肖邦成为贵族沙龙的常客,他的才华甚至让俄国沙皇亚历山大一世亲手赠给他一枚钻戒。如果忘却了家国的灾难,肖邦成年后的道路会顺利很多,不幸的是,他的祖国是波兰。

波兰是一个多灾多难的国家,历史上曾经三次被瓜分。祖国的状况使得成年后的肖邦充满了忧虑,才华和家国情绪的碰撞成为日后肖邦创作的全部内容。1830年,由于国内局势的动荡,在亲人、老师和朋友们的敦促下,肖邦来到法国巴黎深造,开始蜚声于国际乐坛,但是也从此永远地离开了自己的祖国。

20年的故土生活和20年欧洲上层生活的交游契阔,使得肖邦的创作呈现出两种不同的风格。在波兰时,肖邦写了几首钢琴协奏曲、一些练习曲以及一些玛祖卡舞曲,清新、明快固然是这些作品的基调,虽然有些作品显得纤弱和矫饰,但可贵的是,当时的肖邦已经开始关

肖邦画像

注波兰的民族特色，各种民间舞蹈的体裁、节奏，以及风俗生活的意境、情致，使他的作品非常生动、感人，如d小调波兰舞曲和a小调玛祖卡舞曲等。

肖邦很少直接采用民歌旋律作曲，而是按照波兰民族音乐的特点进行创造。他的音乐作品创作性极强，却又饱含强烈的波兰风格，如第一首作品《波兰舞曲》（1817年）和最后一首作品《玛祖卡舞曲》（1849年），他们都富有波兰民间色彩。

肖邦离开华沙不久，波兰发生了抵抗俄国的独立起义，起义的失败对他的影响很大，成为其创作前期与后期的分水岭，c小调练习曲、a小调及d小调前奏曲是其作品演变为具有民族史诗式特点的标志。他在巴黎陆续写成的第一谐谑曲、第一叙事曲等宏伟的史诗性乐曲，成为其艺术高峰期的代表作。

华沙瓦津基公园肖邦纪念像下的钢琴音乐会

肖邦的创作体裁极为丰富，从练习曲、前奏曲、马祖卡舞曲、波罗乃兹舞曲、夜曲、圆舞曲、即兴曲，到结构更为复杂的叙事曲、谐谑曲、奏鸣曲都有涉猎，而且艺术价值很高。1930年华沙起义失败后，肖邦创作了著名的《革命练习曲》，现已广为人知，成为很多艺术赛事的常备比赛曲目。

在欧洲的游历，使肖邦结识了很多著名的艺术家，并和他们结为好友，其中有李斯特、孟德尔松和舒曼，他们给予肖邦极大的帮助，促使他在欧洲艺术界脱颖而出。尽管身在他乡，肖邦还是利用演出和创作的酬劳支持波兰的独立运动，甚至积劳成疾，舒曼曾经这样赞美他："肖邦的作品，是藏在花丛中的大炮。"

1849年肖邦因肺结核不治去世，享年只有三十九岁。十九年前离开华沙的时候，友人为肖邦装了一杯故乡的泥土，送他上路；十九年后回到故乡的，是按照肖邦的遗嘱送回的一颗游子的心脏。

《夜曲》

肖邦的21首夜曲，几乎每一首都深受乐迷的喜爱，其中第二号《bE大调夜曲》更是广为流传。其主旋律从容而又威严，蕴涵着内在的力量从片段的宣泄到排山倒海式的爆发，"夜"久久不能平静，在冲淡平和中透露出一点点深思，音乐变得凄楚、悲戚，久久不能平息，深深地打动了听众的心。

【玛祖卡舞】

玛祖卡舞是流行于欧洲的一种舞蹈，最初起源于波兰，音乐节奏以中速三拍为主，重音富于变化，旋律活泼、轻快。玛祖卡舞是双人舞的一种，滑步和旋转是舞蹈中的主要动作，男子的脚步花样繁多，速度不间断地变化，女子的舞步轻快优美。现在的玛祖舞风格有所改变，节奏更加鲜明，舞步更高贵潇洒。

令人迷醉的乡村风景，是舒曼音乐灵感的来源，妻子克拉拉经常陪着丈夫舒曼，到乡村散心。

舒曼

Robert Schumann 1810－1856

他认为所谓形式并不是为了服务学院派的人物而存在，而是为驰骋湍流的创作之心而生；纯然的乐念即能塑造自己独一无二的形式。体制虽小，但是结构紧密完整，又能捕捉并尽情发挥思想的形式，就是它本身的美学评价。然而他对自己的音乐却不甚了了，有些作品甚至是在近乎恍惚的状况下撰写成的。他就是舒曼。

罗伯特·舒曼，生于德国东部莱比锡附近的小城茨维考，父亲是有极深文学素养的图书商，母亲富有浪漫气质。特殊的家庭氛围不仅培养了他深厚的文化素养，也造就了他浪漫热情的性格。1817年，他开始学习钢琴，两年之后，莫薛勒斯的演奏引发了他对音乐的兴趣，于是立志要成为钢琴家，并得到了父亲的支持。父亲去世之后，舒曼在母亲的要求下，于1828年前往莱比锡改学法律，但是他并没有放弃自己钟爱的音乐。两年后，他遇到了改变自己一生的钢琴教师威克。在威克的说服下，母亲终于妥协，舒曼也得以真正地踏上了自己钟爱一生的音乐之旅。

学习法律期间枯燥的生活，使舒曼深信音乐才是他愿意献其终身的工作。1828年到1829年间，舒曼在威克门下学习钢琴，之后他又

舒曼画像

向另一位音乐家多恩学习。由于他太珍惜这来之不易的学习机会，迫不及待地想成功，于是使用机械装置练习钢琴手法，并导致手指受伤，他成为演奏家的愿望成为了泡影。但在这一年，舒曼还是完成了《<蝴蝶>作品2》的前半部，开始了他短暂的作曲生涯。在此同时，他开始接触舒伯特的作品，并被其作品中的热情和浪漫主义气质所吸引，于是终生致力于提倡舒伯特的音乐。

十九世纪的艺术开始以探究个人内在奥秘、表达个人深处感情为目的，舒曼的音乐完全突破了以往的形式主义，从1831年起，其作品中充斥着两种不同的思想与个性：一种表现的是大胆冲动、率直易变，另一种则是寂寞内省、敏感妄想，深刻地呈现了人性中的热情与痛苦，与他生活的时代和他自己的性格是完全一致的。

舒曼和妻子在一起

舒曼极深的文学素养影响了其音乐创作，他曾说，"音乐是诗的最大潜能"。这种理念，使他的音乐从固定的形式中得到解放，如同富于幻想的诗，用来表达自己的理想世界。他的钢琴作品旋律、和声和节奏方面都充满了浪漫主义色彩，很好地阐释了作曲家"音乐诗化"的理想，他也因此被人们称为"音乐诗人"，其代表作有《梦幻曲》、钢琴套曲《童年情景》、歌曲集《妇女的爱情与生活》。

1856年7月，这位伟大的旋律家在沉睡中离开人世，年仅四十六岁。

《童年情景》之梦幻曲

《童年情景》之梦幻曲是舒曼所作十三首《童年情景》中最受欢迎的一首。作品表现了成年人对童年时光的回忆，手法简洁，形象生动，整个旋律跌宕起伏，时而让人觉得温馨、欢快，时而又让人感觉恬静、安详，甚至有时又有一种失去童年的淡淡惆怅。作品因广受欢迎而经常被改编成各种乐器的独奏曲。

《诗人之恋》

《诗人之恋》是舒曼对克拉拉的爱情表白，共包括十六首声乐作品，也是其艺术结构最完整的一部作品。作品中的歌词由海涅的《抒情的间奏》中的六十五首诗组成，而曲调是由世界上著名的声乐作品组成的，主要有婉转的城市流行歌曲、民歌及辽阔严肃史诗性曲调。

【民族乐派】

民族乐派发源于布拉格，贝多伊齐·斯美塔那（Bedoich Smetana）的代表作《伏尔塔瓦河》是其开先河之作。

民族乐派的作曲家以本民族的民间音乐为基调，民族的历史、古老传说、民间故事都是他们取材的重点；反映人民的思想，激励人民的斗志，开拓民族音乐是他们创作的遵旨；民主性和民族性，是他们鲜明的标志。

李斯特不仅是位作曲家,还是演奏家和音乐教育家,斯美塔那、肖邦、柏辽兹、瓦格纳等作曲家的创作都曾获得过李斯特的帮助。

李斯特

Franz Liszt 1811—1886

"这是钢琴领域的一个新的伟大流派!今日起,人们可以从李斯特身上得到期望的一切。"柏辽兹给予了李斯特高度的评价。

"他的演奏十足的情绪化,但是他的演奏总是与他要突出的作品的主题相吻合的,他的演奏完全让他的作品得到自己理应得到的诠释,这是因为他对作品的理解始终是高尚的、伟大的",菲斯克利这么说。大师们的评价足以调动我们的好奇心去认识这样一位伟大的音乐家。

弗朗兹·李斯特是匈牙利著名的作曲家、钢琴家、指挥家,是浪漫主义前期最杰出的代表人物之一,素有"钢琴之王"的美称。

李斯特六岁时开始学习音乐,曾先后拜萨里埃里、车尔尼、雷哈、巴埃尔为师。1823年,受浪漫主义文艺家思想的影响,他来到巴黎,之后便形成了自己独特的音乐风格。为了防止听众错误地解说音乐作品的内涵,他主张标题音乐,并首创了交响诗体裁,作有《塔索》、《前奏曲》等交响诗共十三部。此外,他还发展了自由转调的手法,揭开了无调性音乐的序幕,树立了新浪漫主义原则,他也因此被认为是世界

纪念李斯特的邮票

音乐发展史上的楷模和丰碑。

值得一提的是,当李斯特在维也纳举行第二次演奏会时,贝多芬也前来欣赏他的琴艺。演奏结束后,伟大的音乐家贝多芬对他大加赞赏,并上台拥抱了他,这给予了他极大的鼓舞。

李斯特有高超的钢琴演奏技巧,相传贝多芬听了他的演奏后,非常赞赏他的天才,曾上台拥抱亲吻李斯特,这成为李斯特音乐成长的佳话。

1848年之后,李斯特定居魏玛,但经常来往于罗马与布达佩斯之间,并于1876年在布达佩斯国建立了音乐院,1886年7月31日因肺炎死于拜罗伊特。

李斯特一生作有《塔索》、《匈牙利》、《前奏曲》、《玛捷帕》、《旅行岁月》等十三部前奏曲,受帕格尼尼影响还创作了十九首匈牙利狂想曲、十二首高级练习曲等,大大增强了钢琴音乐的表现力。

作为一代卓越的音乐大师,他在作曲、钢琴演奏、指挥、音乐评论及教学等各个领域深厚的造诣和巨大的贡献,永远铭记在人们的心里。

此外,李斯特还是匈牙利民族乐派的开创者和重要代表,为后来以巴托克、柯达伊为代表的匈牙利作曲家的创作开辟了一条光辉而又开阔的道路。

【印象派音乐】

印象派音乐萌芽于欧洲,受印象主义绘画的影响而产生,德彪西的《牧神午后》确立了其音乐地位。

在创作手法上,作曲家往往用暗示或者意象来传递情感,和声和配器服从于音色,不再采用连续的旋律,调式音节、全音音阶、丰富的织体是音乐语言的主体。音乐在朦胧中给听众恬静、温柔、动人,甚至淡淡的忧伤等感觉。

MUSICMASTER 作品赏析 workappreciation

《匈牙利狂想曲》

李斯特所创作的《匈牙利狂想曲》共有十九首,在其钢琴作品中占有非常重要的地位,如同贝多芬与交响曲、施特劳斯与圆舞曲一样,李斯特的名字与《匈牙利狂想曲》总是联系在一起。这些作品不仅充分发挥了钢琴的音乐表现力,而且为狂想曲的创作树立了杰出的音乐典范。

《匈牙利狂想曲》以匈牙利的民间舞蹈和民歌为素材,具有鲜明的民族色彩。这些乐曲以洗练的结构和丰富活跃的乐思而著称,乐曲的形式在变化中体现了自然美和艺术美的完美统一。

瓦格纳是德国歌剧史上一位举足轻重的人物，同时，因为他在政治、宗教方面思想的复杂性，成为欧洲音乐史上最具争议的人物。

瓦格纳

Richard Wagner 1813—1883

瓦格纳的画像

八岁时他已经学会在钢琴上弹奏韦伯的歌剧《自由射手》的片断，十四岁时尝试写作悲剧，十五岁时在莱比锡第一次听到贝多芬《命运交响曲》的交响乐作品后立下了毕生为音乐而献身的决心。他就是德国的伟大作曲家、指挥家理查·瓦格纳。

瓦格纳生于德国莱比锡一个爱好艺术的小官吏之家，出生后不到半年父亲就去世了，继父是一个演员兼剧作家，从小便培养小瓦格纳对艺术的兴趣。具有极大艺术天赋的瓦格纳14岁时，就写出了一部长达五幕的大悲剧《莱巴尔德与阿德莱达》。15岁时，他被贝多芬的音乐震撼了，于是以贝多芬为楷模，开始了探求音乐艺术的征途。

18岁那年，瓦格纳随梯沃多·魏利格学习和声、对位，一年之后，他的《C大调交响曲》在莱比锡上演并获得成功，使他在音乐界的地位得到了提高。之后，他在维尔茨堡、马格德堡等地的歌剧院担任合唱与乐队指挥，这使他有机会广泛地接触各种各样的歌剧作品。通过不断的实践与摸索，他终于了解了歌剧艺术的规律和风格，并通过歌剧《女奴》和《恋禁》打开了歌剧创作的大门。

1839年至1842年的三年间，瓦格纳在巴黎度过了人生中最痛苦的三年。他在贫困的生活和艰苦的环境下夜以继日地工作，以惊人的毅力写完了两部歌剧、一部序曲和数首歌曲。1842年，他的歌剧《利恩齐》在德累斯顿剧院首演获得成功，他一举成名，不久被任命为德累斯顿剧院的指挥。

但这莫大的荣誉并没有阻止瓦格纳为祖国献身的热情和决心。1849年，他参加的革命起义失败后，他不得不逃出德国，在瑞士的苏黎世定居，一直到1862年这种逃亡生活才结束。这一时期，是他一生中最重要的转折点。他思想和艺术观念的转变在论著《艺术与革命》、《未来的艺术》、《歌剧与戏剧》、《致友人书》中很好地反映了出来。他认为，艺术的功能不仅在于娱乐，而且可以对社会生活和社会制度的进步起到一定的作用，这一理论为他后期歌剧的创作实践奠定了理论基础。在创作领域上，他开始构思连套歌剧《尼伯龙根的指环》，并于1859年完成了《特里斯坦与伊索尔德》。

绘画作品，瓦格纳大街。

历经漫长的二十四年，连套歌剧《尼伯龙根的指环》的全部总谱终于在1874年完成，柴可夫斯基称它为"人类的脑子里所产生的最庞大的计划之一"。

瓦格纳不仅发展了德国浪漫主义歌剧，把诗歌、音乐、戏曲完美地融合在一起，他还很好地继承了贝多芬的交响化手法，在声乐和乐队里把主导动机不停地展开、演化，形成独树一帜的"瓦格纳主义"音乐风格，对十九世纪下半叶和二十世纪初的西方音乐产生了巨大的影响。

瓦格纳的创作道路最显著的特点就是创新，他不断地吸收和继承德国民间诗歌、民间音乐的传统和贝多芬、威伯的音乐精髓，写下了很多巨作，成为被后辈音乐家效仿的对象。1883年2月13日，瓦格纳逝世于意大利的威尼斯。

《尼伯龙根的指环》

这部作品是德国音乐家瓦格纳的代表作，根据北欧神话故事，特别是冰岛家族传说创作而成，共分四部分：《莱茵的黄金》、《女武神》、《齐格弗里德》、《诸神的黄昏》。瓦格纳自称其为"舞台节庆典三日剧及前夕"。

【轻歌剧】

轻歌剧原意"小型剧"，发源于意大利，题材自由通俗，内容以抒发情感为主。形式上以独幕剧为主，而且剧中极少使用道具，在剧中，独唱、合唱、重唱、和对白配以流畅的旋律，整个歌剧表现得轻快、活泼。意大利作曲家马佐基与马拉佐利创作的《让受苦的人得到幸福》是最早的轻歌剧。

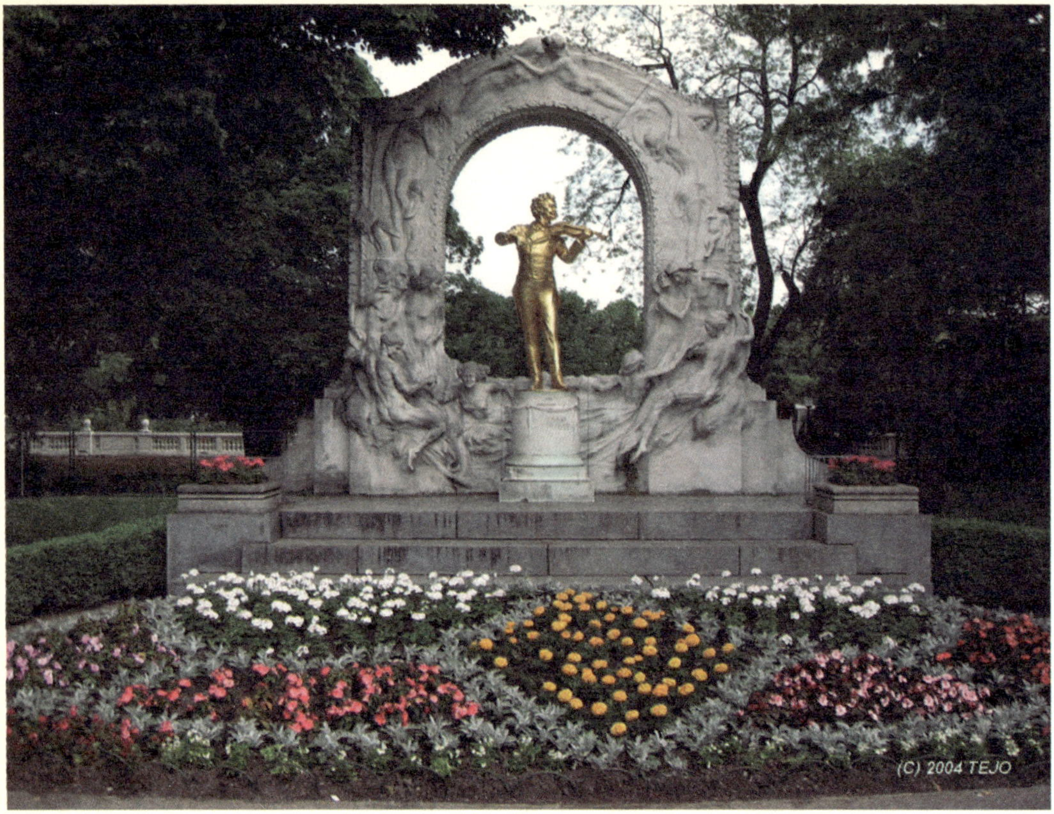

施特劳斯铜像，位于奥地利首都维也纳的城市公园。被父辈的光芒笼罩，未必是幸运的，但是小约翰·施特劳斯却敢于超越这一切。

小约翰·施特劳斯

Johann Strauss 1825–1899

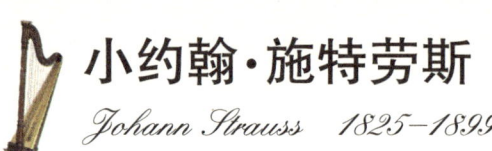

父亲希望他成为一名银行家，但是他却自学小提琴和作曲，与音乐结下不解之缘。十九岁时，他有了自己的乐队，演奏自己的作品，同父亲分庭抗礼。他创作的圆舞曲《母亲的心》，赢得了观众经久不息的喝彩，而另一支圆舞曲《理性的诗篇》，则让听众如痴如醉，竟然史无前例地反复演奏了十几次。

小约翰·施特劳斯出生与维也纳的施特劳斯家族，父亲老约翰·施特劳斯是著名的作曲家和浪漫主义音乐家。老约翰·施特劳斯奠定了圆舞曲的基础，小约翰·施特劳斯和他的两个弟弟则是奥地利的轻音乐作曲家、指挥家、小提琴家。

6岁时小约翰·施特劳斯就能在钢琴上弹奏自己构思的圆舞曲，这让父亲大感不安并杜绝了儿子的一切音乐活动。幸运的是，小约翰得到了母亲的支持，他开始接受音乐教育。

1844年，施特劳斯组成了自己的乐队，演奏自己和父亲的作品，十年之后他应邀在圣彼得堡指挥夏季音乐会。在指挥与写曲之余，他

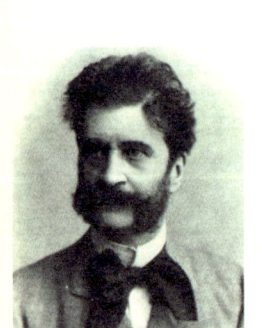

小约翰·施特劳斯像

小施特劳斯和勃拉姆斯在一起。

还做过皇室宫廷舞会指挥，从事过轻歌剧的创作。

小约翰·施特劳斯因创作了一百多首维也纳圆舞曲而著称，代表作有《蓝色多瑙河》、《维也纳森林的故事》、《艺术家的生活》、《春之声》和《安娜波尔卡》，后人称其为"圆舞曲之王"。

小约翰·施特劳斯带领乐队不断地访问欧洲各国，从而使维也纳圆舞曲成为全欧洲最受欢迎的音乐。他的圆舞曲与众不同，旋律酣畅淋漓，优美动听，节奏自由、生机勃勃，是每年维也纳新年音乐会的主要曲目。他一生创作颇丰而且涉及不同的题材，代表作品有源自捷克的波尔卡舞曲《雷鸣电闪波尔卡》；轻歌剧《蝙蝠》、《罗马狂欢节》、《阿里巴巴与四十大盗》；圆舞曲《蓝色多瑙河》、《南方的玫瑰》、《维也纳森林的故事》。并且，他的轻歌剧对欧洲轻歌剧的发展产生了相当深远的影响。

作品赏析 MUSICMASTER workappreciation

《蓝色多瑙河》

《蓝色多瑙河》创作于奥地利人民最需要鼓舞与安慰的时候，当时的奥地利在战争中惨败，人民的热情遭到前所未有的挫败，压抑失落充斥着奥地利。《蓝色多瑙河》的出现给奥地利人民注入了新的生命力。

这首曲子充满了乡土气息，格调高雅，旋律优美动听，对祖国、对人民的深切热爱之情贯穿全曲，一扫当时的沉闷气氛，被称作奥地利的第二国歌。

【圆舞曲】

圆舞曲有时也音译为"华尔兹舞曲"，是在"兰得勒舞曲"的基础上发展而来的。它的主要特征是速度较快，音调环绕支点音旋转产生打圈的动作感，因此男女舞伴要按照舞曲的节奏不断地跳出轻快的舞步，旋转打圈动作优美，情绪热烈欢快。

有生命的音乐
格朗威尔绘

勃拉姆斯
Johannes Brahms
1833-1897

勃拉姆斯

1853年，勃拉姆斯拜访舒曼。那天的日记上舒曼只记了一句话："勃拉姆斯来看我，他是一个天才。"这次伟大的会面，成就了音乐史上最著名的一段情谊，在接下来的四十年里，勃拉姆斯和舒曼，特别是和舒曼的夫人克拉拉之间，产生了最珍贵的友谊。舒曼在他主编的《新音乐杂志》上写了一篇题为《新的道路》的文章，高度评价了勃拉姆斯的才华："我们这里有一个青年，艺术女神和天神都正站在他的摇篮前垂顾。他的名字叫约翰内斯·勃拉姆斯。"

勃拉姆斯是德国十九世纪后半叶最卓越的古典乐派最后一位作曲家。1833年，他出生于汉堡一个职业乐师家庭，童年生活十分贫困，十三岁便在酒店里为舞会伴奏，并同时在剧院帮助父亲演奏。他曾师从戈赛尔、马克逊学习钢琴，并结交了很多音乐领域的朋友，值得一提的是，他得到了舒曼夫妇及约·阿希姆的赏识与支持。1858年后，他在代特莫尔德担任合唱指挥，有机会接触到不同历史时期的合唱作品，这对他之后创作合唱曲产生了一定影响。1863年，他定居维也纳，之后他除了演出和担任指挥外，主要从事创作，他的一些重要作品都是这时完成的。

勃拉姆斯早期的创作在风格和手法上主要受舒曼的影响，作品以表现当时青年人所特有的生活热情、幻想及面对挫折时的彷徨和抗争为主。1871年,为了庆祝德国的统一,他创作了《凯旋之歌》献给德皇威廉一世。但德国统一之后,德奥知识分子思想中产生了激烈的矛盾,在这种情况的影响下,勃拉姆斯的某些作品也时常会带有忧郁孤独的情绪,甚至是悲观隐退的思想,他的创作力也开始减退。晚年,他的作品以室内乐和钢琴小品为主,《b小调单簧管五重奏》(1891年)和两首单簧管奏鸣曲(1894年)都是他的重要作品。

凡·高的作品《艺术家的卧室》

在勃拉姆斯的作品中,他把古典手法和浪漫精神很好地融为一体,极少采用标题。其交响作品更是气势恢弘,笔法工细,情绪瞬息万变,甚至偶尔散发出牧歌气息,极具个性。他还十分重视奥地利民歌,曾作有九十余首改编曲。此外,他还作有二百余首歌曲、四部交响曲、一批钢琴小品与主题变奏曲、协奏曲,其四部交响曲以《第一》和《第四》最为有名,协奏曲则以《d大调小提琴协奏曲》、《a小调小提琴、大提琴双协奏曲》最为著名。

从青年时期开始,勃拉姆斯就十分热爱民歌并开始记录整理,其晚年完成的7册《德意志民歌集》(1894年),是他对德奥民间音乐文化研究的重大贡献。

勃拉姆斯的创作和生活深受当时德奥现实的影响,在时代和阶级的束缚中,他继承古典传统,吸收浪漫主义精髓,写出了大量有创造性、有个性、能表达强烈民族情感和爱国思想的优秀作品,被后人称为19世纪浪漫主义音乐时期的"复古"者,是19世纪下半叶德国音乐文化中的杰出代表。也因为在音乐创作上的卓越成就,勃拉姆斯曾获得很多荣誉,如柏林艺术学院院士、汉堡市"荣誉公民"剑桥大学和布雷斯劳大学博士。1897年4月3日在维也纳逝世。

作品赏析 MUSICMASTER workappreciation

《第一号交响曲》

勃拉姆斯花了二十一年的时间创作了C小调《第一号交响曲》。全曲共分四个乐章,勃拉姆斯在交响曲的最后一个乐章中引用了贝多芬《第九交响曲》中"欢乐颂"的曲调,因为他说:"在我背后不断地听到巨人(指贝多芬)的脚步声,于是世人将本曲续接于贝多芬"不朽的九大交响曲"之后,称为《第十号交响曲》。

在这部作品中挣扎、烦闷、彷徨、无奈、喜悦等情感相互交织,给予了历尽人世沧桑者最伟大的精神安慰。

【小步舞曲】

小步舞曲起源于法国,原意是舞步很小的舞蹈。这种舞曲风格高贵优雅,而且能表现出许多关于礼仪的动态,开始时被用于歌剧和舞剧,之后扩展到交响乐和室内乐中,结构也从早期的两段演变为三段。十七世纪中期至十八世纪中期,小步舞曲尤为最流行,于是又被舞蹈界称为"小步舞时代"。

19世纪的莱茵河畔,宁静而美丽,马克斯·布鲁赫就出生在这里。

马克斯·布鲁赫
Max Bruch 1838-1920

德国作曲家、指挥家马克斯·布鲁赫,生于科隆,母亲是著名歌唱家。和其他著名的音乐家一样,布鲁赫从小就显现出了极高的音乐天赋,良好的音乐熏陶更是让其如虎添翼,十四岁时就获得了莫扎特音乐奖。20岁那年,他开始以音乐教师为业,之后又担任过很多乐团的指挥,曾先后被剑桥大学、柏林大学、布雷斯大学授予名誉博士学位,并于1908年获普赫士功绩勋章。

布鲁赫一生作有交响曲、协奏曲、歌剧、清唱剧、室内乐等各种体裁的音乐作品,代表作品有混声合唱《弗里特约夫》、康塔塔《奥德修斯》、《火十字》与《苏格兰幻想曲》、歌剧《罗勒莱》、大提琴曲《科尔尼德雷》、小提琴协奏曲(g小调和d小调),其中以两首小提琴协奏曲最受欢迎。

《布鲁赫g小调》作于1866年,当时布鲁赫年仅28岁。此曲的知名度很高,是音乐会上被演奏得最多的小提琴协奏曲之一,堪称布鲁赫的代表作。它的旋律带有一些甜蜜的伤感,但非常动听、形式自由,并且具有名演奏家所喜爱的演奏效果,因而广受欢迎。

在音乐创作上,布鲁赫的音乐与德国古典传统一脉相承,并从民歌的广泛接触和研究中获益匪浅。他的乐曲旋律不仅优美动听而且充满了激情,音乐效果朴素自然。

晚年的布鲁赫脱离演奏活动,住在柏林附近的小城镇,于1920年10月2日去世。

【萨克斯】

1842年,第一支萨克斯由比利时人阿道夫·萨克斯发明,后来人们用他的名字给乐器命名。萨克斯是最具有人性的乐器,它音色美妙、造型新颖。

多尼采蒂

Gaetano Donizetti 1797–1848

葛塔诺·多尼采蒂

意大利著名的歌剧作曲家葛塔诺·多尼采蒂，出生于贝加莫的一个工人家庭，其作品和罗西尼、贝利尼的作品被视为19世纪美声歌曲的典范。他善于写出既动听又能充分发挥歌唱家演唱技巧的曲调，成为了最受歌剧演员喜爱的作品之一，其成名作是1835年首演的《拉美莫尔的露契亚》。

多尼采蒂的歌剧题材多样，善于取材名家的浪漫主义文学名著，意大利人民在争取民族解放时所表现出来的乐观主义精神也是其作品的题材之一。他的作品风格也很不一致，早期的喜歌剧受罗西尼的影响，之后则开始向浪漫主义进行探索。他的歌剧通过音乐来塑造人物的形象从而发展戏剧的冲突，极富戏剧性，同时在伴奏音乐的配器上追求丰富的效果。他创作手法上的许多优点被威尔第吸收并进一步发展，并对后来的音乐创作产生了相当大的影响。

多尼采蒂的主要作品有《格拉那达的佐拉依达》、《拉美莫尔的露契亚》、《维尔吉的加布里埃拉》、《奥利弗和帕斯夸莱》、《安娜·博林娜》、《爱情灵药》、《玛丽亚·斯图亚达》《拉美莫尔的露契亚》、《罗伯托·德威瑞》、《阿尔巴公爵》、《联队之花》。

多尼采蒂作创作的歌剧《拉美莫尔的露契亚》剧照。

柴可夫斯基曾和女歌手阿尔托有过一段恋情，图为阿尔托送给柴可夫斯基的绘画作品。

柴可夫斯基的《D大调小提琴协奏曲》，与贝多芬、门德尔松、勃拉姆斯的作品并称为"世界四大小提琴协奏曲"。

柴可夫斯基
Piotr Tchaikovsky 1840-1893

柴可夫斯基曾说："我全心全意地渴望我的音乐传播开去，渴望有更多的人喜欢它，会从这里面得到安慰和支持"。

俄罗斯浪漫乐派作曲家彼得·伊里奇·柴可夫斯基，出生在乌拉尔伏特金斯一个贵族家庭，十岁开始学习钢琴和作曲，十年之后进入彼得堡音乐学院继续学习作曲，毕业后赴莫斯科音乐学院任教。

柴可夫斯基在莫斯科音乐学院任教期间，利用教学工作之余，创作出了大量佳作，其中包括最初的三部交响曲，幻想序曲《罗米欧与朱丽叶》、舞剧《天鹅湖》及《第一钢琴协奏曲》，这是他创作的第一个时期。

然而，年轻的柴可夫斯基因为婚姻的不幸患上了严重的神经衰弱症，他不得不辞去音乐学院的职务，之后他多半居住在瑞士或意大利的乡下。1877年，他有幸得到爱好音乐的富孀梅克夫人的定期资助，于是开始专心从事音乐创作。这一阶段也是他创作的极盛时期，其间，他开始着手创作两部天才的作品：歌剧《叶甫根尼·奥涅金》和他的成名作《第四交响曲》。而此时，俄国的政权没落，社会开始变革，柴可夫斯基关心国家和人民的命运，他的一些重要作品反映了他对理想的追求，对人生的理解。

晚年是柴可夫斯基创作的顶峰时期，题材非常广泛，代表作品有交响曲《第四交响曲》、《第五交响曲》、《悲怆（第六）交响曲》，歌剧《黑桃皇后》、《叶甫根尼·奥涅金》、《约兰塔》，舞剧《睡美人》、《胡桃夹子》，幻想曲《暴风雨》、《意大利随想曲》、大提琴《洛可可主题变奏曲》以及各种器乐重奏、钢琴独奏、声乐浪漫曲。

在创作中，柴可夫斯基吸收了众多民歌和民间舞蹈，常常将浓烈的民间特色应用到自己的作品中，建立起了独特的音乐基调。他认为，音乐应以真实的生活和对生活的深刻体会为基础，于是他在作品中塑造的音乐形象表现了现实生活中人们真实的心理状态和感情发展。此外，强烈的民族意识和民族精神也是他作品的一大特色，他的作品不仅旋律优美、通俗易懂，而且思想颇为深刻。

柴可夫斯基是继贝多芬之后交响音乐的集大成者，对交响乐的发展产生了重大影响，而他所取得的成就更使后世的音乐家望尘莫及。

柴可夫斯基夫妇于1877年的合影。这段只维持了两个月的婚姻，带给他无尽的痛苦。

作品赏析 MUSICMASTER workappreciation

《天鹅湖》

《天鹅湖》是一部芭蕾舞剧，共分四幕，作于1876年，以俄罗斯古老的民间传说为题材，是柴可夫斯基最著名的舞蹈代表作之一。这部作品在1877年2月20日首演失败，直到1895年在彼得堡的再版演出时，才获得了惊人的成功，从此成为世界芭蕾舞剧的经典。

《天鹅湖》的音乐具有浪漫色彩，充满了浓浓的诗意，每一场的音乐不仅淋漓尽致地展现了人物的内心世界，而且出色地展现了场景，推动了戏剧矛盾的发展。

剧中的戏剧力量、浓郁的诗意使芭蕾舞剧有了新的元素，所以《天鹅湖》成为舞剧发展史上一部划时代的作品。

【芭蕾舞剧】

芭蕾舞剧是一门由音乐、舞蹈、美术组成的综合性艺术，起源于意大利，通常需要演员身穿剧服在音乐的伴奏下表演。

舞蹈和音乐是芭蕾舞剧的灵魂，音乐是编舞的基础，舞蹈用于表现人物性格和抒发情感，芭蕾舞剧的音乐旋律明晰，情感浓郁，带有鲜明的时代和地域特征，剧中的舞蹈分为独舞、双人舞、群舞，代表了舞剧的典型场景。

73

拉赫玛尼诺夫
Sergei Rachmaninoff 1873-1943

拉赫玛尼诺夫曾经说过:"我感到我工作时比闲散时更强,所以我祈求上帝让我工作到生命的最后一天。"

俄国作曲家、钢琴家谢尔盖·瓦西里耶维奇·拉赫玛尼诺夫,生于俄国奥涅加一个地主家庭,父母都是音乐爱好者,于是他从小就受到了良好的音乐熏陶,1885至1889年间到莫斯科先后拜尼古拉·兹韦列夫及著名钢琴家齐洛蒂为师,接受专业的钢琴训练,同时也跟随著名作曲家塔涅耶夫和阿连斯基学习作曲,开始了真正的音乐生涯。在这里,他还先后结识了鲁宾斯坦、塔涅耶夫、柴可夫斯基等人,这对他的创作产生了一定影响。与许多音乐家坎坷的音乐之路不同的是,拉赫玛尼诺夫的音乐之路非常顺畅,这在音乐史上是很少见的,他20岁就一举成名。

拉赫玛尼诺夫对十九世纪末到二十世纪初的俄国社会现实极为不满,所以他的很多作品常常利用阴森的背景,沉重的低音,折射出他彷徨、苦闷的心情。

在柴可夫斯基的影响下,拉赫玛尼诺夫形成了自己的创作风格,属于晚期浪漫主义的音乐观和风格。他的作品形象鲜明、表现激烈、音响浓厚、和声色彩绚丽,还常夹杂俄罗斯辽阔的大自然气息和民歌音调,既富于浓郁的情感色彩又富于悲剧性。他的主要作品有交响曲4首、钢琴协奏曲4首、前奏曲25首、练习曲18首、狂想曲,其中以《第二钢琴协奏曲》、《帕格尼尼主题狂想曲》、《音画练习曲》、《利米尼的法兰契斯卡》、《死之岛》的成就最高而广受欢迎。

拉赫玛尼诺夫是19世纪的俄罗斯最后一位音乐大师,他以独特的风格展现了俄罗斯的

拉赫玛尼诺夫和歌唱家查拉宾在一起。

拉赫玛尼诺夫在自己钟爱的伊万诺夫卡庄园。

景色气象和俄罗斯民族的精神气质。

1943年2月,拉赫玛尼诺夫被诊断出患了癌症,并于3月28日辞世,他在临终之前说的最后一句话是"永别了,永别了,我再也见不到你们了。"

【神剧】

神剧起源于意大利的戏剧表演,是以演唱为主的音乐作品,但是神剧没有布景、化妆及戏剧的表演。

神剧由序曲、宣叙调、咏叹调、合唱、大合唱组成,通常使用管弦乐伴奏。卡里希米创作的《灵与肉的体现》是第一部神剧作品,并确定了神剧的表演形式。十八世纪,神剧发展到了巅峰。

《帕格尼尼主题狂想曲》

《帕格尼尼主题狂想曲》是拉赫玛尼诺夫最重要的作品之一。这部作品写于1934年,取材于一百多年前帕格尼尼的《24首小提琴随想曲》,但其中的音乐主题被改写成了单乐章的钢琴乐队曲,整个狂想曲气势恢弘、线索复杂,而且对格局的重新定义使之更加精确,形成了自己的个性。

《交响舞曲》

作品以深切的悲哀使听者震惊,其中充满了难忍的不满、无尽的痛苦、热切的渴望和徒劳的抗争。全曲分为三个乐章,第一乐章,不仅充满了对现实的迷茫和矛盾,还有对遥远的祖国的思念和对亲切的青年时代的回忆;第二乐章,充满了诗一样的意境和斑斓的色彩,但是仍然能感受得到拉赫玛尼诺夫所经历的痛苦、迷惘、焦躁以及对死亡的恐惧;第三乐章再现了第二乐章的死亡主题,并让其变得更加具体化。

导读 歌剧

建于19世纪的巴黎歌剧院内景

1875年3月3日，一曲音调雄壮、节奏有力的《斗牛士之歌》在法国巴黎歌剧院上演。这是法国著名歌剧家、作曲家比才最心爱的作品《卡门》第二幕中的曲子。可惜的是，这部歌剧当时并没有引起人们的关注，直到比才去世后，人们才重新认识到它的价值。时至今日，《卡门》已经被列为世界十大经典歌剧之一。

歌剧，Opera，意大利语的意思是作品，顾名思义，歌剧不仅仅是独唱、重唱、合唱的纯声乐表演，而是将声乐、器乐、戏剧、表演、诗歌、舞蹈、舞台美术等各种艺术融合在一起，通过咏叹调、宣叙调、间奏曲、序曲等几个场面表现出来的一种综合性的舞台艺术。最早的歌剧可以追溯到古希腊，中世纪的一些音乐形式也为歌剧的诞生奠定了基础。到16世纪，随着文艺复兴音乐的世俗化，以及幕间剧的发展，歌剧应运而生。

16世纪末，在意大利的佛罗伦萨，一群文化艺术界的名人组成了"卡梅拉塔同好社"以复兴古希腊戏剧为己任。他们认为古希腊戏剧中的"合颂"就是现代歌剧中的"合唱"，并试图创造出一种兼具诗歌和音乐魅力的生动艺术形式。1597年，利努契尼以古希腊神话为原型，创作了现知的第一部歌剧脚本《达芙妮》，雅各布·佩里为其作曲。《达芙妮》首演大获成功，被公认为复活了古希腊精神，遗憾的是，此剧本已经失传。1600年，利努契尼和雅各布·佩里再度合作的歌剧《尤丽狄茜》上演，这部歌剧被认为是现存最早的歌剧。

位于新奥尔良的法兰西歌剧院

歌剧诞生之初多以希腊和罗马神话或历史故事为题材，以吟唱为主，也可合唱，节奏自由，只有少数器乐伴奏，通常采用通奏低音。早期最经典的歌剧当属蒙特威尔第的杰作《奥菲欧》，它在1607年首演后风靡一时，其影响远远超过《尤丽狄茜》，被认为是现存最早的标准保留剧目的歌剧。此后，歌剧作为西方经典音乐传统的一部分，在不同的时代，不同的国家，又经历了曲折的发展。

宫廷贵族是歌剧最早的观众群，到1637年威尼斯实行歌剧季度购票制度时，这种局面最终被打破，歌剧开始走向普通民众。差不多也是此时，蒙特威尔第移居威尼斯，并在此创作了《尤利西斯返故国》和《波佩雅的加冕》两部歌剧，威尼斯是当时欧洲歌剧的中心。17世纪中后期，威尼斯的歌剧走向衰落，而在意大利的许多城市迅速发展起颇具地方特色的歌剧。

乌克兰的敖德萨歌剧院（1809年建）

作为意大利的首都，罗马的歌剧最为引人注目。与威尼斯歌剧不同的是，罗马的歌剧不再追求舞台场面的富丽堂皇，增加了幽默风趣的插曲，由乐器完成的序曲和幕间乐章备受重视。任何事物的发展都不是固定不变的，几十年后，那不勒斯的歌剧乐派成为意大利歌剧的领头羊。该乐派最大的贡献是发展了一种独唱技术，这就是后来的"美声"唱法。物极必反，当美声发展到极致时，歌剧原有的思想内涵和表现力几乎完全丧失，于是到18世纪，正歌剧成为意大利歌剧的主流，而喜歌剧也在正歌剧之后悄然而生。

正歌剧的内容多取自神话故事或传说，风格严肃，与喜歌剧的幽默诙谐形成鲜明对比，三幕结构取代了原来的五幕结构，宣叙调和咏叹调的频繁应用给了歌剧演唱家极大的发挥空间，涌现出一大批歌剧演唱明星，比如女高音浮士蒂娜·波多妮、法里内利等。意大利歌剧的影响是空前的，不仅本国的维瓦尔第、亚历山德多·斯卡拉蒂等著名歌剧作曲家有大量优秀作品问世，就连生活在德国的亨德尔，在维也纳谋生的莫扎特也都用意大利语写了多部歌剧。

奥地利的维也纳歌剧院

意大利正歌剧时代的结束与歌剧改革家格鲁克有直接关系。格鲁克针对正歌剧内容肤浅、平庸以及其他弱点，发起一场倡导音乐与戏剧统一，表现淳朴自然的歌剧改革。他的作品《奥菲欧与优丽狄茜》、《伊菲姬尼在奥利德》充分显示了这些特点，对后世很多歌剧作曲家比如韦伯、华格纳、莫扎特都产生深远影响，莫扎特甚至被认为是格鲁克的继承人。

19世纪初是歌剧的"美声"时代，风行当时的是罗西尼、贝利尼、多尼采蒂等作曲家的歌剧。原来作为一种声乐学派的"美声"，此时已经成为一种歌剧风格。威尔第是美声时期过后歌剧统一运动的代表性人物，他的作品《弄臣》、《游唱诗人》、《茶花女》在当时十分盛行。

位于伦敦市中心的伦敦歌剧院

欧洲歌剧在19世纪处于一个"黄金时代"，很多国家的歌剧都取得快速发展。值得一提的是，成型于18世纪的"轻歌剧"发展成为一种独立的歌剧体裁，雅克·奥芬巴赫是这一体裁的确立者，代表作为《地狱中的奥菲欧》。当人们认识到现实主义可以和浪漫主义完美结合后，比才的《卡门》便成为最受欢迎的歌剧。

历史进入20世纪，随着歌剧风格的不断演变，各种现代元素被融入歌剧中，比如勋伯格和贝尔格在歌剧中运用了无调性手法和十二音阶作曲法，斯特拉文斯基的歌剧则表现了新古典主义音乐的倾向。此外，理查·施特劳斯、普罗科菲耶夫、保罗·杜卡斯、米约、曼诺蒂、贾科莫·普契尼都是20世纪的著名作曲家。

建筑史上的奇迹之一——悉尼歌剧院

20世纪中期之后，歌剧几乎成为一种博物馆艺术，鲜少有新作品问世，未来的歌剧之音还需要新一代的歌剧作曲家们谱就，让我们拭目以待。

宫廷音乐会场景，18世纪油画，作者佚名。

威尔第
Verdi Giuseppe 1813-1901

他被米兰音乐学院以岁数太大、未受训练、缺乏音乐才能为由而拒绝，但是后人却称他为"有史以来最伟大的戏剧天才"。

威尔第·朱塞佩，出生于意大利帕尔马的隆高勒，由于家境清贫，不得不到附近的布塞托一个鞋匠家学习管风琴，并到镇上的管弦乐团工作，后得到机会去当地市立的音乐学院学习，并有幸得到当地富商的垂青资助他到米兰学习。不幸的是，他被米兰音乐学院拒绝了，但他并没有气馁，之后师从拉维尼亚学习作曲和配器。1836年，他回到布塞托，创作了第一部歌剧《博尼法乔伯爵奥贝尔托》，该剧于1839年在斯卡拉歌剧院上演，取得了巨大成功。

三年后，威尔第凭借歌剧《那布科》一跃成为意大利一流的作曲家。此时的意大利正处于争取民族独立时期，于是他接连写了大量鼓舞人民斗争士气的作品，代表作品有歌剧《伦巴底人》、《厄尔南尼》、《阿尔济拉》、《列尼亚诺战役》，后人称他为"意大利革命的音乐大师"。

对威尔第来说，五十年代是他音乐生涯的重要时期，他创作了歌剧《弄臣》、《游吟诗人》、《茶花女》、《假面舞会》等，这成就了他歌剧大师的地位。但令人遗憾的是，自1870年他创作了《阿伊达》，用于苏伊士运河通航典礼后，他一直沉寂了16年，直到晚年才根据莎士比亚的剧本创作了最后两部作品——悲剧性的《奥塞罗》和喜剧性

【诙谐曲】

诙谐曲又称谐谑曲，在十七世纪至十九世纪非常受欢迎，起初只是在交响曲、奏鸣曲等的演奏乐章中出现，之后由肖邦加以完善、定型，并最终形成独立的曲式。

这种曲子由三拍子组成，旋律快捷、活跃，演奏中会突然出现强弱的对比，而且兼有戏剧性的特征，代表作有勃拉姆斯的钢琴曲《降e小调诙谐曲》及夏布里埃的《诙谐曲—圆舞曲》等。

的《福斯塔夫》。

在歌剧的创作中,威尔第吸取意大利民间音调,管弦乐的效果被大大丰富了,而且还直接引用了短小灵活的咏叹调。剧中的人物也个个栩栩如生,尤其是人物的欲望、性格、情感被淋漓尽致地刻画出来,具有很强的感染力。

人们之所以说威尔第的音乐大都是戏剧音乐,这不仅是因为他的音乐充满了戏剧性而特征鲜明,还在于他总是以戏剧的发展进程来决定音乐创作。仅从乐谱上看起来,他的音乐可能很粗略,但在舞台上却很辉煌。

威尔第把他的音乐触角伸向生活、社会、时代、文学的各个角落,他的很多作品都成了世界最伟大的歌剧之一。《茶花女》的原作者小仲马说:"五十年后,也许谁也记不起我的小说《茶花女》了,但威尔第却使它成为不朽。"

1901年1月27日,一代音乐大师威尔第在音乐的陪伴下离开人世,人们用各种方式表达了对他的尊敬和热爱。他的离开,是歌剧领域里的巨大遗憾。

阿尔伯特·古德温作,油画。表现的是威尼斯圣马可大教堂的长方形廊柱大厅。这座富丽堂皇的教堂是文艺复兴时期威尼斯的音乐创作中心,涌现了大批音乐人才。

威尔第·朱塞佩画像

MUSICMASTER 作品赏析 work appreciation

《茶花女》

威尔第的三幕歌剧《茶花女》是一部具有出色艺术效果的巨著,是各国歌剧院中最受欢迎的作品之一。《茶花女》的意大利名称为Traviata,原意为"一个堕落的女人",一般均译作"茶花女"。

在歌剧《茶花女》中,作曲家用前奏曲来代替序曲。第一个主题旋律近于静态,但是十分悦耳,既表现出了主人公的悲惨人生,又不会让人太压抑;第二个主题的调性与和声都很明晰,旋律的进行也显得十分宽广,表现出了主人公真挚的爱情。

剧中还运用了许多世界著名的歌剧片段,成为许多演唱家的保留曲目。

仿照古希腊神庙建造的奥地利议会大厦,是古典主义建筑的代表,建于1873年。

奥芬巴赫
Jacques Offenbach 1819-1880

奥芬巴赫

约克·奥芬巴赫并没有接受系统的乐理知识培训,仅有的音乐教育是在巴黎音乐学院学习的一年,但他却成就了伟大的音乐事业。

奥芬巴赫是德籍法国著名作曲家、大提琴家和法国轻歌剧的奠基人和杰出代表。他一生创作了100多部舞台音乐作品,绝大部分是轻歌剧,一度登上法国乐坛的巅峰,因此被认为是法国罕见的、闪烁着音乐精神的作曲家。

奥芬巴赫于1819年6月20日出生在德国科隆,是科隆犹太教堂一位缺乏音乐才能的乐师兼歌手的儿子。但是,具有音乐天赋的奥芬巴赫却受到了良好的音乐教育,从小学习小提琴、大提琴,8岁时便开始练习谱曲,11岁时就经常受邀到一些节假日晚会上演奏。1833年,14岁的奥芬巴赫凭借出色的大提琴演奏技巧被巴黎音乐学院破格录取,但出人意料的是,他仅在这里待了一年就退学去歌剧院任了大提琴手。

在歌剧院期间,奥芬巴赫渐渐走上了作曲的道路,创作了大量舞台音乐曲，尤其是圆舞曲的创作使他获得第一批成果。与此同时，他的大提琴演奏技巧也日益精湛，受到了巴黎上流社会的极大欢迎。1839年，奥芬巴赫第一次以戏剧音乐作曲家的身份出现，上演了一部独幕歌剧。此后，奥芬巴赫的身份逐渐复杂起来，他以大提琴演奏家的身份活跃在伦敦的贵族圈子，甚至是宫廷；同时他又以作曲家的身份上演了第二部、第三部歌剧；同时他还以乐队指挥的身份指挥了很多场音乐会。

1855年，奥芬巴赫创办了自己的小剧院——"快活的巴黎人"剧院，并将自己的音乐作品搬上舞台，在此期间，他曾和很多著名作曲家和文学家合作。半年后，奥芬巴赫将已经得到人们认可的剧院搬进了一个较大的场所，人们在这里可以看见梅耶贝尔、撒克里、托尔斯泰等人的身影。

然而，奥芬巴赫的舞台作品最初并未引起轰动，直到1858年，他的轻歌剧《地狱中的奥菲欧》上演，才奠定了他在音乐界的地位。后来，奥芬巴赫为《地狱中的奥菲欧》谱写的序曲《天堂与地狱序曲》演出后，更是风靡一时。此序曲自始至终节奏明快、流畅，显露出作者对整部歌剧的调侃色彩，跟随整部歌剧演出了200多场，之后还经常在很多音乐会上单独演奏。

奥芬巴赫面向大众，把存在于巴黎社会的多种表演形式，如传统舞台剧、喜歌剧、民谣、华尔兹、加洛普舞等加以发挥并糅合进自己的轻歌剧中，深受广大民众的欢迎。他的轻歌剧代表作品有《地狱中的奥菲欧》、《美丽的海伦》、《巴黎人的生活》、《格罗什坦公爵夫人》等。

1880年，奥芬巴赫遗憾地留下了未完成的轻歌剧《霍夫曼的故事》，在巴黎离开人世。因其轻歌剧情节生动、形式灵活，并配以舞曲、小夜曲、进行曲多种曲调，人们称他有"取之不尽的旋律财富"，他的音乐作品对奥地利的轻歌剧以及美国现代音乐剧影响很大。

奥芬巴赫的音乐演奏会

【小夜曲】

小夜曲是中世纪骑士文学的产物，起初流行于西班牙等欧洲国家，是人们为了宣泄内心情感而创作的乐曲，一般在黄昏演奏，旋律优美凄婉、缠绵悱恻，往往配用吉他等拨弦乐器伴奏，代表作品有舒柏特的歌曲《小夜曲》、莫扎特的《D大调哈夫纳小夜曲》。

《威尼斯船歌》

这首曲子是奥芬巴赫的遗作《霍夫曼的故事》第二幕中的歌曲。在《霍夫曼的故事》中，分三幕讲述了霍夫曼的三次爱情经历，第二幕描述了他在威尼斯与名妓朱利埃塔的爱情故事。其中的《船歌》是朱利埃塔和她的另外一位情人一起歌唱美丽夜晚的歌。跌宕起伏的明快节奏，为观众展现了美丽的威尼斯河在夜晚的景色。

比才歌剧作品《卡门》剧照。

比才
Georges Bizet 1838-1904

乔治·比才，生于巴黎，父亲是声乐教师，母亲出生于音乐世家。浓厚的音乐氛围培养了他对音乐的兴趣，九岁考入巴黎音乐学院，后又随古诺学习钢琴。

1856年的《C大调交响曲》，使比才的创作才华得到了世人的公认，这部作品形式严谨、旋律流畅、色彩明快，连李斯特都惊叹他高超的钢琴演奏技术和总谱阅读能力。1863年，他的第一部杰出歌剧《采珠人》诞生了，之后他为都德的话剧《阿莱城姑娘》所做的配乐，再次引起了乐坛的震撼，经改编之后成为音乐会上经常演出的名曲。

比才像

毫无疑问，比才最显赫的荣誉应归功于歌剧《卡门》。这部作品不仅是比才音乐创作的最高峰，更是19世纪下半叶现实主义歌剧的杰作，并直接启发了意大利真实主义歌剧的兴起，是法国歌剧史上的重要里程碑，至今仍是世界上演率最高的歌剧。

【清唱剧】

清唱剧形成于十六世纪，是多乐章大型声乐套曲。它有结构和剧情，但没有布景、服装、道具，篇幅较大，内容连贯，并且富有史诗性和戏剧性，其结构包括独唱、重唱及合唱，序曲等。

清唱剧分为两种类型：一种题材以基督教义，用拉丁文演唱，另一种题材自由，用意大利语演唱，后来一直流传的清唱剧就是后者。

《卡门》的可贵之处在于以女工和群众为主人公，这在当时是很少见的。作者的这个创新在当时并不为人接受，当他最心爱的作品1875年在巴黎喜歌剧院首演时，观众的反应冷淡，意想不到的结果使他非常痛苦。据说，比才曾绝望地在巴黎冷清的街道上徘徊，痛苦地问："为什么？为什么呢"，这沉痛的打击使他情绪低落，三个月后便因心脏病去世，年仅37岁，他没能等到这部歌剧辉煌的时刻。

比才去世几个月后，《卡门》在维也纳公演并获得巨大成功，这部歌剧的艺术价值得到了应有的承认，成为经久不衰的经典之作。1904年12月，巴黎举行了《卡门》上演一千场纪念公演，遗憾的是比才没能看到这些荣耀的瞬间。

比才的代表作品还有歌剧《采珍珠者》、《唐普罗科皮奥》及双钢琴组曲《儿童游戏》，钢琴曲《半音变奏曲》、《夜曲》。他的大部分作品都以社会底层的平民小人物为主角，并融入了鲜明的民族特色，体现了浓厚的现实主义色彩，加之富有表现力的交响乐和法国的喜歌剧传统的表现手法，创造了十九世纪法国歌剧的最高成就。

《卡门》以女工和群众演员为主人公，这个取材于社会底层生活艺术作品，成为歌剧史上的光辉里程碑。图为现代人演绎的卡门形象。

《卡门》

《卡门》塑造了一个美丽而倔强的吉卜赛姑娘——卡门的形象，她是烟厂的女工。卡门使军人阿赛因抛弃温柔的女友米卡艾娜而与自己相恋，两人历经磨难得以在一起，但不久卡门又爱上了斗牛士艾斯卡米里奥，她的变心激怒了阿赛因，最后当斗牛场上的艾斯卡米里奥胜利时，卡门在欢呼声中被绝望的阿赛因刺杀。

《卡门》的音乐十分美妙，充满热情、豪放的西班牙风格和轻松、明快的吉卜赛风格，特别是它的序曲，华丽无比，不仅集中了歌剧的主旋律而且表达了歌剧的全部内容，后来成为音乐会上经常单独演奏的曲目。

柴可夫斯基看过此剧后曾说："当我看最后一场时，总是不能止住泪水，一方面是观众看见斗牛士时的狂呼，另一方面却是两个主人公最终死亡的可怕悲剧结尾，这两个人不幸的命运使他们历尽辛酸之后还是走向了不可避免的结局。"

科萨科夫和妻子的画像

科萨科夫

Rimsky Korsakov 1844-1908

俄罗斯音乐家里姆斯基·科萨科夫,生于俄国诺夫哥罗德一个贵族家庭,七岁开始学钢琴,十岁就能独立作曲,十二岁进入彼得堡海军士官学校。在海军士官学校里,科萨科夫没有放弃对音乐的学习和研究,而是广泛地接触一些著名的作曲家、艺术家,并积极提倡发展俄罗斯民族音乐,之后加入"强力集团"小组,开始进行音乐创作。

科萨科夫18岁时从海军学校毕业后返回彼得堡,创作了《第一交响曲》,《第二交响曲》和交响音画《萨德科》。之后,他创作的表现异国情调的管弦乐曲《西班牙随想曲》和交响组曲《舍赫拉查德》,颇为引人注目。其中,《舍赫拉查德》是他根据阿拉伯文学名著《一千零一夜》改写成的交响组曲。全曲分为四个乐章,由柔美的小提琴独奏出四个小故事,绚丽而精致的音响表现出故事的传奇和神秘,每一段曲子都引人入胜。

除了交响乐,科萨科夫最有代表性的创作便是歌剧。在19世纪70年代到20世纪初这段时间,他先后创作了14部歌剧,如《五月之夜》、《雪姑娘》、《萨旦王的故事》和《金鸡》，这些歌剧大多采用神话题材，同时他还创作了许多室内乐曲和声乐曲。他创作的音乐题材多反映俄罗斯民间童话故事和寓言，因此他的作品富于幻想和传奇色彩，这与"强力集团"其他几位作曲家的风格完全不同，所以俄罗斯音乐评论家谢洛夫说他是"真如鹤立鸡群"。

绘画《基督升天》，作者弗兰德斯，科萨科夫在他的《伟大的俄罗斯复活节序曲》中，用欢快的音乐描述了基督复活并升天的场景。

科萨科夫还整理和修订了穆索尔斯基和鲍罗丁的遗作，使这些未完成之作经过修改或配器，得以和广大观众见面，并且，很多作品因他的整理而广受欢迎并流传于后世。

此外，科萨科夫还是一位卓越的教育家，在彼得堡音乐学院从事教育三十多年，培养了一批优秀的作曲家，格拉祖诺夫、普罗科菲耶夫和斯特拉文斯基等都是他的得意门生。在此期间，他还写出了《和声学实用教程》、《管弦乐法原理》等重要的音乐理论著作。

作为杰出的作曲家和音乐教育家，科萨科夫为俄罗斯民族音乐的发展作出了重要贡献，被公认为俄罗斯民族主义者中最有艺术修养的人。

作品赏析

《野蜂飞舞》

《野蜂飞舞》是一首管弦乐曲，原为《萨旦王的故事》的插曲，常用于小提琴的独奏表演，之后发展成独立的通俗名曲。

此曲又名《大黄蜂的飞行》，旋律轻快活泼，充满力量，而且全部运用半音阶，以下行乐句开始，上升乐句结束，描写了大黄蜂围绕天鹅展翅疾飞直到消失的整个过程。

【交响组曲】

交响组曲是交响乐队演奏的组曲，乐章结构和交响乐接近，而且音乐的发展较丰富、复杂。其内容多与文学作品有关，代表作为《舍赫拉查达》。这首交响组曲的各个乐章在总的标题引领下完美地组合在一起，形成统一的主题，但主题又根据需要在各个组曲中以不同的形象、动作、画面出现。

亚纳切克像

亚纳切克
Leos Janacek 1854-1928

莱奥什·亚纳切克是捷克作曲家,生于摩拉维亚东部的许克瓦尔迪。亚纳切克属于大器晚成的作曲家,直到五十岁时创作风格才日趋成熟,但他又是一个多产的作曲家,一生创作了多部作品,而且都富有创意。

亚纳切克创作的最大成就是歌剧,他本人对歌剧有着极高的评价,认为歌剧"最能使我们认识一个国家的人民"。他创作的歌剧,热情而又不失活泼,充分表达了他对人类不可动摇的信心以及对生活的理解。在风格上,他迷恋民歌和语言的节奏及音调,而且他善于从语言中提炼出有表现力和生活气息的音调,最终形成了以语言音调为基础的声乐风格,他因此而成为20世纪捷克现代音乐的先驱。同时,他还是捷克第一位用散文体创造歌剧的作曲家,对后来的作曲家产生了重要影响。

亚纳切克一生共创作了9部歌剧,最具有代表性的是《耶奴发》和《卡佳·卡巴诺娃》。《耶奴发》描写了农村姑娘耶奴发被一个花花公子始乱终弃的不幸遭遇,以及她不甘沉沦最后获得幸福的故事。

在交响乐方面,亚纳切克讲究配器精致、细腻,音乐中充斥着朦胧、悲凉的色彩,最著名的作品是交响诗《卖艺人的孩子》。

1928年8月12日,亚纳切克卒于俄斯特拉发。这位米兰·昆德拉所推崇的作曲家,结束了像海顿和威尔第那样大器晚成、多产而又才华横溢的一生。

【复调】

复调音乐产生于公元9至15世纪的欧洲,最初是在教堂宗教活动的推动下而发展,到16至18世纪开始进入蓬勃的发展期。

复调由两段或两段以上同时进行的声部组成,声部之间既独立又统一为一个整体。复调以对位法为主要创作技法,运用复调手法,可以丰富音乐形象,增加音乐表现手法,加强音乐的气势,达到前呼后应的效果。

卡农、创意曲、赋格、经文歌、复调尚松、坎佐纳等都是复调音乐的体裁,其类型有对比式复调音乐、模仿式复调音乐和衬腔式复调音乐。

"六人团"于1921年在埃菲尔铁塔观景台的合影。从左至右：奥里克、迪雷、奥涅格、米约、普朗克和塔耶弗尔。

奥涅格
Authur Honegger 1892—1955

他曾申明："我的音乐里要尽可能避免那些讨好音乐爱好者的陈腐东西"，并为此而写下了多首听众喜闻乐见的作品；他在歌剧创作中大量运用合唱来作为结束剧情的手段，并逐渐形成法国歌剧——清唱剧模式，深深影响了后世作曲家的创作。他就是著名作曲家奥涅格。

阿瑟·奥涅格是瑞士作曲家，生于勒阿弗尔。1911年入巴黎音乐学院，师从热达尔日和维多尔学作曲，早期比较重要的作品是《小提琴奏鸣曲》。

1920年，奥涅格与米约、奥里克、普朗克、迪雷和塔耶弗尔5位青年作曲家一起组成了"六人团"，共同创作了《六人曲集》，但后来，奥涅格逐渐与他们的观点产生了分歧。奥涅格十分推崇"六人团"反对的德国浪漫派音乐，并受法国音乐的影响，将德国音乐派注重理性与法国音乐派注重感性的不同理念融为一体。他喜欢按照自己的方式进行音乐创作，并坚持"以一个真诚的作者去写作真诚的作品，并力求使自己的作品既易为音乐家也易为广大观众所欣赏"的人生信条。

奥涅格一生创作了近200首作品，主要有交响曲5部、交响乐章3部、歌剧6部、清唱剧《大卫王》、《火刑堆上的贞德》。此外，他还写了大量的芭蕾音乐、喜剧配乐、电影音乐以及室内乐、声乐作品。

1951年，奥涅格出版了《我是作曲家》一书，陈述了他对音乐的看法，见解比较深刻。1955年11月27日，奥涅格在巴黎去世。

奥涅格像

普契尼的歌剧《托斯卡》中的情景，画家霍恩斯坦作品。画中描述了《托斯卡》于1900年在罗马科斯坦齐剧院首演第一幕中的一个场景。

普契尼

Giacomo Puccini 1858-1924

普契尼像

吉亚卡摩·普契尼是意大利作曲家，1858年12月22日出生于意大利一个音乐世家。但他并没有显现出音乐天赋及对音乐的热爱，直到1876被威尔第的歌剧《阿依达》震撼之后，才决定成为一个歌剧作曲家。为了实现理想，普契尼到处兼差演奏以赚取学费，母亲也积极协助寻求学费赞助者。经过多方努力，他终于在1880年10月进入米兰雷尔音乐学院就读。

在音乐学院里，普契尼追随庞开利和巴济尼等名师学习，他的毕业作品管弦乐曲《交响绮想曲》在学院里演奏并获得了巨大成功。后来，这部作品在他的老师指挥家法西欧的安排下不仅在史卡拉剧院中演出，还被米兰一家著名的出版社出版。

重视台本，要求台本具有启发想像的功能，并刻画贫穷不幸的人物，追求紧张的戏剧情节和效果，是普契尼的歌剧观，这一点在他的作品中被鲜明地体现出来。在戏剧与音乐的关系上，他认为鲜明动人的旋律是音乐的先导，于是他的配器十分细腻。他善于用音乐塑造人物性格和创造出戏剧性的效果，并十分注意为歌剧营造恰当的环境气氛。此外，19世纪的民族主义作曲家重视地方色彩的音乐观对他也有所影响，他取材的异国素材都审慎地吸收并运用该国的音乐特点，非常注重音乐的戏剧连贯性。

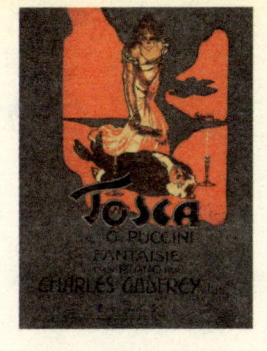

普契尼的歌剧《托斯卡》乐谱的扉页，该乐谱于1900年出版。

普契尼的成名作是1893年发表的《列侬·列斯科》，作品还有《蝴蝶夫人》、《托斯卡》、《西部女郎》、《艺术家的生涯》、《波西米亚人》等十余部。其中，《波西米亚人》被认为是普契尼最优秀的作品之一。

19世纪90年代至20世纪初，在以法国左拉为代表的自然主义和意大利韦尔加为代表的真实主义文艺思潮的影响下，意大利出现了真实主义倾向的歌剧。真实主义歌剧采用当代题材，反映真实生活，尤其是下层贫苦人民的悲惨生活。

爱情是人类永恒的主题，20世纪的欧洲爱情歌曲同样广受欢迎，这是1905年出版的一本爱情歌曲集的封面。

普契尼的歌剧创作借鉴了真实主义歌剧，并综合了德国浪漫主义歌剧的音乐手法，普契尼因此被认为是19世纪意大利继威尔第之后最伟大的歌剧作曲家，是真实主义的歌剧流派的代表人物之一。

1924年11月29日，不朽的意大利作曲家普契尼还未写完最后一部作品《图兰朵》就在比利时首都布鲁塞尔不幸逝世，接着由他的学生按照他的草稿完成。1926年4月，《图兰朵》在著名的斯卡拉歌剧院首演，反响热烈，可以说这位大师死而无憾了。

作品赏析 MUSICMASTER workappreciation

《蝴蝶夫人》

本剧剧情取材于美国作家的同名小说，是普契尼代表作品之一，也是世界歌剧舞台上不朽的名作。这是一部抒情性的歌剧，通过描述一个善良、纯真的姑娘的悲惨命运，对自私自利的资产阶级进行了无情地批判。

普契尼在音乐创作中采用了《江户日本桥》、《樱花》等日本民歌刻画蝴蝶夫人的艺妓身份和天真心理。《啊，明朗的一天》是这部作品中最著名的一首曲子，采用咏叹调的形式，运用朗诵式的旋律，近似说白的音乐，形象地揭示出蝴蝶夫人盼望丈夫回来的急切心情，真切感人。

民族乐派

在西方音乐史上,有这么一批音乐家,他们致力于以振兴本民族音乐,以本民族历史或人民生活为题材,并尽可能地运用民族民间音乐的素材,强调民族因素在音乐中的地位,创造性地创作了大量具有独特价值的音乐作品。这些作曲家后来被称为"民族乐派"作曲家,而"民族乐派"也为音乐史留下了宝贵的财富。

"民族乐派"不像巴洛克音乐或者古典主义音乐那样,属于某一特定时期,它代表的是具有共同美学准则的一大批音乐家。19世纪中期,浪漫主义音乐进入发展成熟期,不光是处于浪漫主义音乐中心的德、奥、法、意等国,即使是处在中心地带之外的捷克、挪威、俄罗斯等东欧、北欧国家的音乐家也深受浪漫主义影响。但是这些边缘国家的音乐家们并非照搬浪漫主义风格,而是结合本国的现实,将古典音乐、浪漫音乐的语言与本民族的音乐融合在一起,创作出了令人耳目一新的音乐作品。

民族乐派是在特定的历史条件下,在特定的国家形成的。1848年欧洲资产阶级革命后,在那些经济落后或政治上长期受异国压迫的国家,民族、民主的意识逐渐高涨,出现了争取民族独立、复兴民族文化的运动,一些先进的艺术家开始致力于本民族文化的复兴,音乐家自然也是其中一分子,很多杰出的音乐家首先都是民族主义者和爱国主义者。比如大家耳熟能详的著名音乐家,民族乐派的先驱李斯特、肖邦等人的很多作品中都充满了炙热的爱国感情。

随着民族民主运动的发展,各国的民族主义音乐家也纷纷崛起,由于国家之间的实际情况并不完全相同,不同国家音乐家在作品中表达的感情也不尽相同,其中影响最大的当属挪威、捷克、俄罗斯等国家。

在挪威的民族乐派中,格里格是当之无愧的代表人物,虽然他受浪漫主义音乐影响很大,尤其是舒曼等人的影响,但是他却能以挪威音乐为基础,使自己的音乐旋律具有鲜明的挪威民间音乐风格,并在和声中将挪威民间音乐和浪漫主义音乐元素融合,这是格里格的独创。格里格最具民族特色的作品是他的歌曲和钢琴小品,运用了很多挪威民族特有的音乐手法,比如持续五度低音。格里格用挪威语写了一百多首歌曲,很大一部分都采用了最淳朴的挪威民歌分节歌形式,比如《挪威的山》、《受伤

觉醒
威廉姆·霍曼·亨特作

19世纪的民族音乐不仅反映了各民族的音乐生态,还包含了更广阔、更复杂的民族觉醒和人性启蒙主题。

的心》。格里格为挪威的民间音乐作出了巨大的贡献，而他的音乐也获得了国际声誉。

捷克在被奥地利统治二百多年后，民族乐派的复兴随着民族民主运动而展开，其中代表性的人物是斯美塔那和德沃夏克。斯美塔那和格里格一样，都曾得到过李斯特的帮助，他不仅致力于捷克民族音乐的发展，作了大量优秀民族音乐作品，比如歌剧《被出卖的新嫁娘》、《波希米亚的勃兰登堡人》；还开办了一所音乐学院，并从事各种发展民族音乐的活动。德沃夏克是斯美塔那的继承者，但相比之下，他的创作体裁更加广泛，数量也增加了很多，值得一提的是，他还将斯拉夫和西欧一些国家甚至美国印第安人的音乐元素加入自己的作品中，使捷克的音乐向世界迈进一步。

维纳斯哀悼安东尼斯之死
本杰明·韦斯特作

俄罗斯第一个觉醒的民族主义音乐家是格林卡，他也成为俄罗斯民族乐派的奠基人，他的作品《伊凡·苏萨宁》至今仍是民族音乐中的典范。格林卡不仅吸取了俄罗斯民间音乐的营养，还将俄国城市文化渗透其中，并借鉴了古典和浪漫主义音乐成果，从而将俄罗斯音乐推上一个新台阶。从格林卡开始，俄罗斯音乐进入成熟期。

民族音乐的题材有很多来源于各民族的民间传说和神话故事，这些表达了人类真、善、美的故事是艺术创作的永恒主题。

在俄罗斯民族乐派中占有重要地位的还有柴可夫斯基和强力集团。柴可夫斯基是一位享誉世界的作曲家，他颇具音乐天赋和创作技巧，注重表达个人感情，在他的作品中听众常常能感觉到光明和黑暗的斗争。有音乐家认为，柴可夫斯基运用音乐技巧表达情感世界的能力，与他留给后世的优美的旋律同样具有长久的魅力。与柴可夫斯基同时代的是"强力集团"，该集团由5个人组成，分别是巴拉基列夫、鲍罗廷、居伊、穆索尔斯基和里姆斯基-科萨科夫。他们希望用俄国民间音乐的旋律、音阶、复调等元素，创作一种俄罗斯风格明确的音乐作品。

此外，芬兰、美国、法国等国在民族音乐方面也都有不同程度的发展，但是因为发起较晚，无法摆脱浪漫主义音乐的影响，发展有限。但是这些国家也涌现出一些杰出的音乐家，比如芬兰的西贝柳斯，美国的麦克道威尔。

19世纪民族乐派的发展不仅创立了伟大的民族音乐文化，繁荣了本国近代音乐，促进了民族民主运动，还极大丰富了整个19世纪的欧洲音乐文化。直到20世纪初，民族乐派仍然影响着很多国家，并对以后的印象主义音乐、20世纪乐派产生了重要的影响。

1855年，卡尔·玛利亚·冯·韦伯的雕塑被树立在德国德累斯顿市。

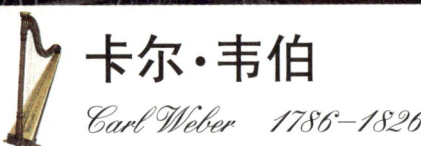

卡尔·韦伯
Carl Weber 1786-1826

他被称为德国民族歌剧的先驱，为德国古典主义音乐过渡到浪漫主义开辟了道路，他集作曲家、指挥家、钢琴家、评论家、歌剧导演多种身份于一身，他的名字叫韦伯。

卡尔·玛利亚·冯·韦伯出生于德国一个戏剧之家，父亲是业余小提琴家，母亲是歌唱家。他自幼学习音乐，10岁学钢琴，然后学习作曲，12岁便开始写作歌剧音乐。父亲致力于将韦伯培养成莫扎特式的神童，韦伯能成为莫扎特式的神童，便让他投于各地著名音乐家门下学习。他曾跟随爱好民歌的福格勒学习作曲，从而引发了对民间音乐的极大兴趣。之后韦伯还专门研究戏剧及风俗，这些都直接影响了他以后的音乐创作。

18岁那年，经福格勒介绍，韦伯被聘为布雷斯劳市小乐队指挥。本以为可以有所作为，但他在上演剧目、乐队组织以及指挥方面的改革想法没有人能理解，于是被迫辞职。两年之后他去了斯图加特，任该地符腾堡公爵路德维希的秘书，由于生活奢侈债台高筑，短暂监禁后逃至曼海姆，在那里结识了许多有影响的艺术家，直到1810年，他才又重新投入音乐活动。1813至1816年，他曾领导布拉格歌剧院工作，后来迁居至德累斯顿，并经常常往返于欧洲许多国家演奏或指挥。1826年6月5日，韦伯走完了自己的人生路，在伦敦病逝。

韦伯生活的那个年代，到处弥漫着沉闷、古旧的空气。与音乐前辈们不同的是，韦伯早期的歌剧作品中已经显露出浪漫主义的倾向，这在当时而言是超前而不合时宜的。尽管没有得到主流音乐的认可，韦伯的《森林少女》、《彼得·施莫尔和他的邻居》和《西尔瓦纳》等10部歌剧所表现出来的清新、浪漫的气质深深打动了人们尘封已久的

卡尔·玛利亚·冯·韦伯，音乐史上的全才大师。

心，得到了人们的普遍好评。而《自由射手》是韦伯10部歌剧中最有成就的，更因其浓郁的民族风格和见所未见的浪漫气息，被认为是德国第一部浪漫主义歌剧，为其成为世界级的音乐家奠定了坚实的基石，并对后来的浪漫主义作曲家瓦格纳等人产生极大的影响。1826年，一部典型的浪漫传奇《奥伯龙》将韦伯的形象永远定格在人们的脑海中。

《自由射手》根据德国文学家约翰·奥古斯特·阿贝尔编著的《德国鬼故事集》改编，图为该歌剧中射击比赛的场景。

此外，韦伯还创作了大量优秀的戏剧音乐、器乐和声乐作品，其中以协奏曲最为出色。他的协奏曲是为钢琴和乐队而作，具有明显的浪漫派特点，因而又被称为新型协奏曲，其钢琴曲《邀舞》最为脍炙人口，具有一种华丽的技巧和管弦乐效果，被人们改编成管弦乐曲，经常在音乐会上演奏。

除此之外，韦伯还是一位优秀的音乐评论家，著有很多音乐评论文章，其自传性小说《音乐家的生活》不仅表现了其独到的音乐见解，也成为人们了解这个伟大的音乐家的窗口。

韦伯生活在祖国遭受战争蹂躏，人民为争取自由而努力的时期，当时的德国歌剧舞台被意大利和法国统治，因而他的创作中更多地表现了追求自由的民族情感，其神奇瑰丽的幻想、戏剧性的情节和注重色彩变化的手法，让他当之无愧地被称为浪漫主义歌剧的奠基人。

【歌唱剧】

歌唱剧兴起于18世纪的德国，是喜歌剧的一种，但内容不再以喜剧为主，题材多选用民间生活，音乐风格朴实无华，优美的传统和音乐相结合，歌曲、舞曲和夹白在演出中交替进行，充分展现了人物冲突。

约翰·亚当·希勒和奥托·尼科莱等都是德国歌唱剧的杰出作曲家，他们创作了大量经典作品，如《狩猎》、《洛蒂在宫中》、《温莎的风流娘儿们》。

《自由射手》

《自由射手》不仅是韦伯的代表作，也是浪漫乐派歌剧作曲的经典之作。韦伯以异常热情和谨慎的态度，花了整整3年时间才完成这个曲目。此曲的序曲最受欢迎，以缓慢优美的主题曲开篇，然后急转直下成为阴森、恐怖的绝望歌，紧接着，单簧管奏出表示爱的欢喜之歌，与开首交相呼应，再进一步深入发展，直至终曲。这首序曲成为后世序曲的典范。

韦伯在作曲时，将民族歌曲和舞蹈的艺术形式糅合在一起，并最终创作出了兼具浪漫主义和民族主义的综合歌剧模式，使文学和造型艺术完美地在音乐中统一起来，开创了浪漫主义歌剧之先河。

库尔斯克生的宗教行列
列宾作

鲍罗廷

Borodin, Alexander Porfirevich
1833—1887

【音乐剧】

音乐剧产生于十九世纪末,是英国歌剧的一种,由歌词、乐谱、和剧本组成。

音乐剧一般采用当时的流行乐,而且加进了舞蹈成分,通过音乐和舞蹈的融合来表现剧中的矛盾冲突和人物内心世界。

音乐剧一般没有长度标准,以两幕剧为主,其经典剧目有《快乐的少女》和《演艺船》。

他是一位著名的作曲家,在俄国音乐史上地位非凡;他也是一位杰出的化学家,为俄国的化学事业作出了巨大贡献。音乐与化学,它们看起来毫无关系,但这两个截然不同的学科领域有一个共同的伟人,他就是亚历山大·波尔菲里耶维奇·鲍罗廷。

英雄和史诗题材是鲍罗廷创作中的主要内容,他的音乐弥漫着浓郁的民族气息,有的作品还带有迷人的东方异国情调。他在音乐中,努力表现了俄国人民积极的生活态度与精神,热情歌颂了俄国古代英雄人物的英勇气概。他的音乐对整个俄罗斯音乐的发展产生了重要影响,而他本人也是俄罗斯乃至世界音乐史上的一位杰出人物。

鲍罗廷一生音乐作品仅有几十部,但在数量如此有限的作品中,仍然出现了歌剧《伊戈尔王》、《第二交响曲》、《在中亚细亚的草原上》等经典之作,他其中的一部作品后来由作家格拉祖诺夫配器出版,因此被称之为《未完成交响曲》。

鲍罗廷虽然身为"俄罗斯五人强力集团"的主要成员之一,但由于其专业是化学,其作曲都是在业余时间里进行的,所以他自称"星期日作曲家"。俄罗斯作曲家里姆斯基·科萨科夫对此深表遗憾,他说:"这样一位音乐天赋极高的人,不能专心于作曲事业,实为乐坛的一大憾事。"但在历史的长河中,能以这么少的作品在音乐史上占据如此重要地位的人也只有鲍罗廷了。

1887年2月27日,鲍罗廷在彼得堡逝世,终年五十三岁。

史蒂芬·福斯特
Stephen Foster 1826-1864

史蒂芬·柯林斯·福斯特是美国作曲家,生于美国北方宾夕法尼亚州的匹兹堡。他从小就爱好音乐,曾有不少佳话。他7岁时母亲带他到乐器店,他拿起一支银笛就吹起了《哥伦比亚之歌》,而且吹得很出色,使在场的人都大为惊奇。

对福斯特而言,没有任何困难能阻挡他做自己喜欢的事,青少年时期,他就与哥哥等人共同组成"方桌武士"音乐社。14岁时,他考入中学,对音乐也日益热爱,经常与好朋友一起演奏,并为四支长笛写过一首圆舞曲,大家一同演奏。后来他去了纽约,当时南北战争一触即发,他写下《老黑奴》,此曲成为南北战争期间黑奴的精神支柱。

然而这位杰出的音乐家却没有得到生活太多的关爱,大部分时间经济拮据,穷困潦倒,尤其晚年光景惨淡,没人照料。1864年1月13日,年仅37岁的他在纽约孤独地离开人世。

福斯特一生创作了近200多首美丽动人的歌曲,真切地反映了早期美洲大陆移民的欢乐与哀愁,不只当时为人们所欢迎,时至今日仍是人们所喜爱吟唱的歌谣。

此图描述了美国南北战争时期的战斗场景。史蒂芬·柯林斯·福斯特是音乐界的"斯托夫人",他的"老黑奴"堪比文学作品中的"汤姆叔叔"。福斯特的作品真实地反映早期新大陆移民的欢乐与哀愁,不只当时为人们所欢迎,至今仍是人们所喜欢吟唱的歌谣。

罗西尼

Gioacchino Rossini 1792—1868

意大利是一个充满音乐的国度，提到这里，人们就会不由自主想到著名歌剧作曲家罗西尼，他的歌剧就像意大利的一张"名片"，悠扬、动听地永久回荡在意大利人的耳畔。

1792年2月29日，卓阿基诺·罗西尼出生于意大利佩萨罗，这年正好是闰年，所以罗西尼四年才能过一次生日，直到他七十二岁时，总共才过了十八个生日。

与很多音乐家相同，罗西尼出生在一个喜爱音乐的家庭里。父亲虽然是一家屠宰场的检查员，却擅长吹小号，母亲则很会唱歌。由于家境贫穷，罗西尼自小便被寄养在亲戚家，但这丝毫没有影响他对音乐的热情。他8岁时便开始学习音乐，虽然不是正规音乐学校的系统教育，但他仍然很快掌握了钢琴、小提琴、中提琴的演奏技巧。此后，他到波罗亚教会的唱诗班担任独唱，以赚取微薄的报酬。14岁时，他获得了进入波罗亚音乐学院的机会，并在那里学习生活了4年。

从波罗亚音乐学院毕业之后，罗西尼进入了他音乐创作的旺盛期，

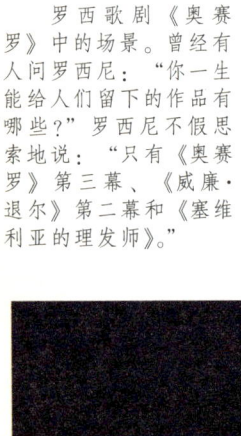

罗西歌剧《奥赛罗》中的场景。曾经有人问罗西尼："你一生能给人们留下的作品有哪些？"罗西尼不假思索地说："只有《奥赛罗》第三幕、《威廉·退尔》第二幕和《塞维利亚的理发师》。"

共创作了三十多部歌剧及其他作品,其中以《塞尔维亚的理发师》和《威廉·退尔》最为著名。《塞维利亚的理发师》被认为是历史上最伟大的歌剧,一登台便引起了意大利的巨大轰动,如今已成为19世纪意大利喜歌剧的巅峰作品之一,为罗西尼取得了辉煌的成就,奠定了他在音乐界不可动摇的地位。而《威廉·退尔》

作于1829年,是罗西尼的搁笔之作,也是他在移居法国巴黎后的巅峰力作,此后直到1868年他去世的近四十年漫长岁月里,他再也没有任何创作。

除此之外,罗西尼还创作了《奥赛罗》、《灰姑娘》、《高林泰被围》、《摩西》等作品,也都获得了相当高的评价。

罗西尼的作品对生活描写生动,人物形象鲜明,情节紧凑合理,旋律优美和谐,使音乐充满了炫技的装饰和幽默喜悦的精神,活力十足,令人振奋。罗西尼创作的优秀作品,不仅是世界音乐史上的瑰宝,更使意大利正歌剧和喜歌剧重获新生。他创造性地在喜歌剧中融入了正歌剧的因素,又为正歌剧中注入了喜歌剧的生活气息,给人耳目一新的感觉,对后世歌剧创作影响深远,正如华格纳所说:"到罗西尼,歌剧的真实生活史才告一段落。"

罗西尼去世后被安葬在巴黎,不远处就是著名音乐家肖邦、贝里尼的墓地。九年后,在意大利,六千多群众静默肃立,由四个军乐队和三百名歌手组成的巨大唱诗班演奏着《摩西》,在悠扬动听的祈祷声中,罗西尼静静地躺在佛罗伦萨的圣塔克罗采教堂里,留给世人无尽的哀痛惋惜。

灰姑娘是流传最广的童话主角之一,这个故事经过罗西尼的巧手一变,成为歌剧史上的永恒经典之一。但是从他37岁开始,再没有创作任何作品,到底是急流勇退还是意识到自己创作能力衰退呢?没有人知道答案。

【喜歌剧】

喜歌剧又称"诙谐歌剧",产生于18世纪,是由正歌剧幕与幕之间演出的幕间剧发展而来,是与正歌剧对立的歌剧种类之一。喜歌剧的题材多来自生活,以喜剧性、娱乐性、群众性以及单纯明快、轻松幽默的音乐风格为特征。18世纪的意大利、德国、法国等欧洲国家喜歌剧十分流行,并产生了一批有影响的喜歌剧作家,但19世纪以后就逐渐衰落。

MUSICMASTER 作品赏析 workappreciation

《威廉·退尔》序曲

《威廉·退尔》取材于民间传说,塑造了为争取祖国独立而英勇战斗的英雄形象,情节紧张,故事悲壮。

序曲一开始用管弦乐表现了祖国美丽的自然风光,随后不久又用定音鼓打破了这种祥和的气氛,在暴风雨中人民开始了反抗异族的压迫,漫长的煎熬之后,慷慨激昂的长笛声响起了,唤醒了沉睡的自然,最后全体管弦乐队奏起进行曲,象征人们取得了伟大的胜利。

18、19 世纪俄罗斯民间刊物中的插图,在当时的俄罗斯艺术界,无论是音乐还是文学领域,往往表现出俄国本土文化的深沉美感。

格林卡像

格林卡

Mikhail Glinka 1804—1857

1836 年 12 月 9 日晚,以著名诗人普希金为代表的俄国著名学术界人士齐聚彼得堡大剧院,他们久久沉浸在已经结束的歌剧《伊万·苏萨宁》中,被那宏伟的音响所深深折服,此歌剧的作者便是被誉为"俄罗斯音乐之父"的格林卡。

1804 年 6 月 1 日,米哈依尔·伊万诺维奇·格林卡出生在俄国斯摩棱斯克的诺沃巴斯科伊一个地主家庭,自幼受良好音乐环境的熏陶,10 岁开始学习钢琴、小提琴,对当地民歌十分熟悉。格林卡 14 岁时全家迁居彼得堡,他进入一所贵族寄宿学校读书。在那里,他不仅掌握了七八种欧洲语言,还从钢琴家约翰·费尔德、声学家戈第、小提琴家约瑟夫·贝母那里学到了系统的音乐知识,1822 年,他以优异成绩毕业。

毕业后的最初几年,格林卡曾在运输部谋职,同时从事音乐创作,对古典主义音乐的代表人物海顿、莫扎特、贝多芬等人的作品进行了深入研究。1828年夏，他辞去公职，前往意大利学习音乐，对意大利歌剧产生了浓厚的兴趣，其早期的作品中就带有明显的意大利音乐的痕迹。5年后，格林卡告别意大利，经音乐之都维也纳返回祖国。

回国后，格林卡便开始着手创作俄国人的歌剧。伟大的《伊万·苏萨宁》，此歌剧上演之后引起强烈反响，被公认为是俄罗斯音乐史上划时代的巨作，就连挑剔的俄国评论家也说这部歌剧"解决了俄罗斯歌剧的一个重要问题——俄罗斯歌剧诞生，格林卡的歌剧开创了一个新的俄罗斯音乐时期的到来。"不久，他的第2部歌剧《鲁斯兰与柳德米拉》也宣告诞生。

在此期间，格林卡曾担任宫廷合唱团的指挥，终因不满宫廷的浮华虚伪而再次辞职，加上其《鲁斯兰与柳德米拉》在俄国再度引起轰动，这招致皇室强烈的不满。1844年，格林卡被迫再次离开祖国，在巴黎逗留一年后旅居西班牙。在那里，他写下了《阿拉贡霍塔》、《马德里之夜》、《华丽随想曲》等诸多作品，其中以《马德里之夜》最为著名。当1847年他返回故乡时，久违的故乡情结在他的心中交织，他满腔热情投入到创作中，一年后便创作了举世闻名的管弦乐幻想曲《卡玛林斯卡亚》，整个音乐界都为之震惊，正如柴可夫斯基所说："全部俄罗斯交响音乐都存在于《卡玛林斯卡亚》之中。"

1856年，身患重病的格林卡最后一次出国后再也没能回来，于1857年2月15日病逝于柏林。他的丧事办得甚为仓促，墓碑上仅仅刻了姓名。后来，他的灵柩被移葬彼得堡，陪伴在他身边的是巴拉基列夫、柴可夫斯基、鲍罗廷等著名音乐大师。

格林卡是俄罗斯古典乐派的创始人，他吸取民间音乐的营养、西欧音乐的写作技法，形成了自己独特的音乐语言和风格，从而将俄罗斯音乐推向前所未有的高度，并推出国门，推向全世界。

思考中的格林卡。1837年，格林卡完成了《鲁斯兰与柳德米拉》的创作，这幅画是当时俄罗斯画家列宾的作品。

【赋格】

赋格的原意是遁走，后用于音乐领域，通常只有一个主题，是复调音乐中的一种写曲手法。其显著的特点是主调与插段在不同声部之间重复，直至回归到主题，类似于对位法，一般分为三个部分：呈现部、中间部和再现部。

赋格既可以单独成曲，即赋格曲，《音乐的奉献》中的赋格是赋格曲中的佳作，也可以与托卡塔等放在一起。

《鲁斯兰与柳德米拉》

这部歌剧是格林卡根据普希金的同名长诗创作而成，他从1837年着手写作，1842年将其搬上舞台，并大获成功。对于《鲁斯兰与柳德米拉》的评价，一直在俄罗斯争论了几十年，有人认为该剧缺乏统一的构思，脱离现实，但绝大多数人都给予其充分的肯定。这部浪漫主义神话歌剧具有浓郁的俄罗斯民族音乐气质，运用了高度的艺术技巧，彰显了简洁、清澈、富有色彩的特色，与《伊万·苏萨宁》一起开创了神话史诗剧和人民历史剧的先河，格林卡也因其独特的艺术家气质吸引了很多有名人士，并与他们结为好友，像著名诗人普希金、著名音乐家柏辽兹等。

19世纪的多瑙河畔。捷克独具特色的民间音乐,成为斯美塔那取之不尽的音乐源泉。

斯美塔那

Bedoich Smetana 1824—1884

他和贝多芬有着类似的经历——失聪,他也和贝多芬一样不但没有间断音乐创作,而且不断创作出精品,其交响诗《我的祖国》就是这一时期的作品。

贝多伊齐·斯美塔那是捷克著名的民族乐派作曲家,1824年3月2日出生于莱托米希尔,从小热爱音乐,熟悉民间音乐,喜欢研究音乐大师的作品。8岁便创作了第一首作品,之后师从捷克卓越的音乐家约瑟夫·普罗克什,24岁那年因

斯美塔那像

亲身参加的革命运动惨遭失败,被迫流亡国外。但他时刻关心祖国命运,13年之后终于重回祖国,之后频繁地参加各种社会音乐活动,并试图通过这些活动领导和扶植捷克的民族音乐事业。

斯美塔那早期的作品深受古典大师们的影响,1856年,他结识了李斯特和柏辽兹,作品风格开始走上民族音乐的道路。他晚年的创作广泛地吸收民间素材,提倡发展和体现民族音乐风格,希望通过实践

【捷克民族乐派】

捷克处于中欧和东欧交界处,境内景色秀丽,其民族舞蹈汲取了中欧和东欧的精华。

捷克民族乐派最伟大的代表人物是斯美塔那和德沃夏克,他们的作品借鉴本民族舞蹈音乐,用丰富的色彩、饱含深情的手法描绘了祖国美丽景色,从中表达他们对祖国的无限热爱和眷恋之情。

把通俗题材加以美化和艺术化。

在体现音乐的民族性方面，斯美塔那在自己的作品中融入民间音乐，虽然他很少直接采用民歌主题，但作品中却处处充满了浓郁的捷克民族音乐的风格。他作为一位具有强烈爱国精神的作曲家，作品中往往体现了十九世纪后半期民族解放运动中捷克人民的精神面貌，传达了当时人民的情感和思想。

斯美塔那的作品有交响诗：《理查三世》、《瓦伦斯坦战场》和《哈孔·雅尔》；器乐曲：《我的祖国》和第一弦乐四重奏《我的一生》；钢琴曲《捷克舞曲》；歌剧《布兰登堡人在波希米亚》、《被出卖的新娘》、《达里波》、《里布舍》、《两寡妇》、《吻》、《秘密》、《魔鬼之墙》和未完成的《维奥拉》。

斯美塔那对捷克古典音乐所作的贡献完全可以同格林卡对俄罗斯音乐的贡献相媲美，所以人们常把他称为"捷克的格林卡"。

1884年5月12日，斯美塔那病逝于布拉格，永远地告别了他挚爱的故乡，终年六十岁。

捷克布拉格的泰恩大教堂。

作品赏析 / work appreciation

《我的祖国》

这部作品是斯美塔那的代表作，创作于1874至1879年间，表达了他对祖国的挚爱，乐曲结构恢弘绚烂，音乐形象富有诗意。作品共分六个乐章，其中描写了捷克的自然风光、民间故事、光荣历史及人民的爱国热情、为反抗压迫涌现出的英雄儿女。

《被出卖的新嫁娘》

这部作品创作于1864年，由克·萨比那编剧，于1866年首演于布拉格，歌剧以独特的民间音乐语言表现了捷克人民的精神面貌以及捷克的自然的风格，给人朴素、欢乐、热情而富于生命力的感受，为捷克歌剧事业的发展开辟了道路。

莫奈画笔下的巴黎。音乐奇才圣·桑出生在巴黎，他的足迹遍布世界各地，为人们留下了丰富的音乐作品，他是巴黎的骄傲。

圣·桑
Saint Saens 1835-1921

圣·桑的肖像

他是一位颇具传奇色彩的作曲家，在青年时代就得到很多著名音乐家的赏识，柏辽兹说他"无所不知，缺少的仅是一点实际经验"，李斯特则将其称为"世界上最伟大的管风琴家"。

他身体羸弱，一生都在和结核病作斗争，却奇迹般地活到86岁；他酷爱旅行，足迹遍布世界各地，并数度寄居北非。他在85岁时仍到希腊和阿尔及利亚进行音乐之旅，不幸在第二年满怀对旅行和音乐热爱逝世在异国他乡，他的遗体被运回故乡巴黎后，享受到少见的隆重葬礼。

卡米尔·圣·桑出生在巴黎，家庭非常贫穷，父亲在他两个月时去世，他与母亲相依为命。然而这并没有影响圣·桑的音乐天赋的发挥，他是当之无愧的"神童"，2岁开始学习钢琴，5岁就写出第一首钢琴伴奏歌曲，10岁举办个人钢琴独奏会，演出曲目都是我们耳熟能详的巴赫、莫扎特、贝多芬等大师级音乐家的作品。1848年到巴黎音乐学院学习风琴和作曲,毕业后曾在圣梅丽教堂担任风琴师,后来又到巴黎尼德麦尔音乐学校当了4年钢琴教师。

圣·桑曾两次参加罗马音乐奖的角逐,遗憾的是均告失败,他1864年第二次与罗马音乐奖失之交臂后,开始从事歌剧的创作,先后完成《黄衣公主》、《参逊与黛丽拉》等多部歌剧,但他的歌剧除《参逊与黛丽拉》获得极大成功之外,其他作品的效果都不甚理想。不过他作为作曲家的成就却是不容质疑的,他一生的作品数量超过一百七十部,几乎囊括了所有音乐领域。为了表彰圣·桑对法国乐坛的贡献,法国政府在1868年给他颁发了荣誉勋章。

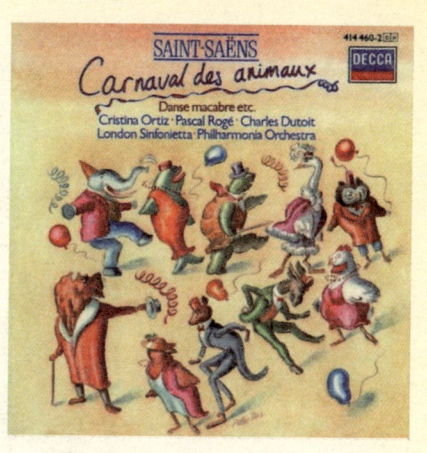

圣·桑是一位技巧圆熟的作曲家,他的作品以流畅的旋律、典雅的和声、工整的结构,配以丰富华丽的器乐,显示出高雅的气质,其中使听众百听不厌的有管弦乐组曲《动物狂欢节》,交响诗《骷髅之舞》、《第一大提琴协奏曲》、g小调钢琴协奏曲、c小调钢琴协奏曲、A大调大提琴协奏曲等。

此外,圣·桑还是一位业余科学家,在天文学和物理学方面都有研究;他还是一位诗人和哲学家,并亲自写过剧本和哲学著作;他更是一位语言天才,精通多种语言。在音乐家当中,很少有人像圣·桑这样博学,但当时音乐界对圣·桑的评价一直不高,甚至认为他的音乐过于追求表面的华丽,缺乏内涵。

晚年的圣·桑十分守旧,站到了印象主义音乐的反面,在他一次听完印象派大师德彪西的《牧神午后》之后说:"听起来是好听的,但它并不是真正意义上的音乐。如果它也可以算作音乐,那么调色板也可以算作一幅画了。"

随着时间的推移,人们对圣·桑的音乐有了更加深刻的认识,或许他的有些作品内涵不够深刻,但他那种井然有序、精炼明晰、最为纯净的音乐风格在当时音乐界是极为少见的,对以后法国音乐的发展产生了重大影响,他今天在世界音乐史上的地位要远远高于生前。

《动物狂欢节》是圣·桑身前饱受争议的作品。胆大妄为的圣·桑在这部作品中篡改了很多作曲家的名作,成年听众在这部滑稽的作品中找不到共鸣,而孩子们却能听的乐不可支。如此巧妙的演绎,也许只有圣·桑能够做到。

《骷髅之舞》

《骷髅之舞》又名《死之舞》,是圣·桑最出色的作品之一,根据法国诗人卡扎里斯的同名诗改编而成,描述了死神给一群骷髅拉小提琴的故事。《骷髅之舞》的主题为死神,作者采用了中世纪末日的审判中的曲调,器乐声由弱到强,随后,小提琴动听的旋律点出坟墓的主题,更加渲染了墓地深夜的恐怖气氛。

【前奏曲】

前奏曲的原意是序和引子,起初是用来即兴演奏的,结构自由、短小,到巴洛克时期得到发展,被放进了赋格或组曲的开始部分。不仅如此,巴赫还把复调和主调技术运用其中,并扩大了其结构。

前奏曲在肖邦时期发展空间再次被扩大,彻底摆脱附属身份,成为了独立的钢琴特性曲。

电影《鲍里斯·戈杜诺夫》一镜头,该片是根据穆索尔斯基的同名作改编的。

穆索尔斯基像

穆索尔斯基

Modest Mussorgsky 1839—1881

穆捷斯特·彼得诺维奇·穆索尔斯基是俄国作曲家。他生于托罗别茨县卡列沃村,没有受过专业的音乐教育,却奇迹般地和作曲家巴拉基列夫、居伊、里姆斯基·科萨科夫、鲍罗廷建立起举世闻名的"俄罗斯五人强力集团",这个音乐团体强调音乐创作的"民族性"、"人民性"和"现实性"。

1963年之后,穆索尔斯基受俄国革命民主主义思想的影响,思想发生转变,开始大量采集俄国民歌,研究民间传统及俄国历史,他的作品具有了民主思想倾向和现实主义的创作原则,他一生中具有代表性的作品均产生在这一阶段。

歌剧及声乐浪漫曲和歌曲均是穆索尔斯基创作的重要领域,在歌剧上他注意群众场面的描写,再现了民间风俗生活,刻画了喜剧性的人物性格;他的声乐浪漫曲和歌曲题材内容丰富,真实而客观地反映了当时的社会生活,对人民的悲惨遭遇寄以无限同情。在艺术手法上,他吸取了大量的俄国民间音乐素材,朴实清新。

穆索尔斯基的代表作有歌剧《鲍里斯·戈杜诺夫》、《霍宛斯基党人的叛乱》、《索罗庆采市集》以及管弦乐《荒山之夜》、歌曲《跳蚤之歌》、钢琴组曲《图画展览会》、《可爱的萨维什娜》、《叶辽木什卡的摇篮曲》。

【双簧管】

双簧管产成于17世纪中叶,是出色的独奏乐器,在乐队中也是演奏主要的旋律。它音色柔和,善于演奏徐缓、舒展的曲调,常被用于表现田园风光和忧郁情绪,被誉为"抒情女高音",也是吉尼斯世界纪录大全中最难的乐器。

爱德华·埃尔加
Edward Elgar 1857-1934

爱德华·埃尔加是英国作曲家，从小便随父亲学钢琴与小提琴，基本靠自学掌握了多种乐器的演奏，尤其擅长小提琴。1885年，他继承父业任伍斯特教堂风琴手。他真实自然的音乐风格，对英国音乐的发展有很大的促进作用。

音乐本不是英国人的骄傲，但是埃尔加除外，他既是个多产的作曲家，又享有世界级的声望，20英镑的纸币上就印有他的头像。

英国人把埃尔加看作是英国的贝多芬，埃尔加最成功的作品当属《威仪堂堂》，这是他于1901至1903年间陆续完成的五首进行曲之一，其代表作还有《黑色骑士》、《奥拉夫国王》、《杰龙修斯之梦》、《b小调小提琴协奏曲》、《第一交响曲》、《第二交响曲》、《e小调大提琴协奏曲》。此外，他还创作了不少优秀的宗教音乐，继承与发挥了普赛尔的传统。埃尔加的艺术毫不晦涩，思维极为活跃，风格庄严而淳朴。

埃尔加搭建了英国浪漫主义后期、民族主义和现代主义之间的桥梁，他的音乐里既弥漫着浪漫典雅的气息，也充斥着深厚浓重的民族情感，还充满了朴实清新的现代色彩。他一生孜孜不倦地为提高英国的音乐水平而努力，最终在德国、法国与俄罗斯音乐的夹缝中为英国音乐取得自己的地位，同时他也获得了至高无上的荣誉，深受英国人民爱戴。

【进行曲】

进行曲是一种富有步伐节奏的歌曲，形成于军队的战斗生活中，用来鼓舞士气，激发斗志，后来采用这种体裁表达集体的力量和决心，其特点为旋律雄劲刚键、节奏坚定有力。进行曲从十七世纪开始逐渐进入音乐会演奏，最终成为一种特定的音乐体裁。

绘画《泰晤士河上的查灵克洛斯大桥》，德兰作品，描绘了伦敦的景色，埃尔加的序曲《安乐乡》也叫《在伦敦》，也在表达相同的主题。

美丽的布拉格。德沃夏克出身贫苦,他的音乐之路走得倍加艰难,但是捷克馥郁花香的土地给了他无尽的创作源泉,他的作品受到捷克和世界人民的赞扬。

德沃夏克

Antonin Dvorak 1841-1904

对于生活在独立国家的人们来说,也许爱国主义只是一句冠冕堂皇、虚而不实的口号,但是对于19世纪捷克斯洛伐克最伟大的作曲家之一德沃夏克来说,它却是一面让他为之终身奋斗的旗帜。他用自己的音乐作品,为祖国争得了世界性的荣誉,捷克甚至全世界人民都将永远记住他。

安东尼·德沃夏克是捷克民族乐派的主要代表人物,生于布拉格近郊的小村庄米尔豪森。在遭受外来民族的压迫、音乐却相当发达的捷克,德沃夏克从小受到民歌的熏陶,并学习了唱歌和小提琴。按照当地的习俗,作为长子的德沃夏克必须接替父亲屠夫的职业,于是他在12岁时到士洛尼茨当屠户学徒,一次偶然的机会,音乐家、教育家列曼发现了他在音乐方面的才能,教他学习中提琴、钢琴、管风琴以及音乐理论和作曲。

16岁时,德沃夏克的命运发生了重大转折,他考入布拉格风琴学校,从此与音乐结缘,毕业后担任捷克国家剧院的中提琴师,同时开始独立创作。在此期间,他参加了很多进步的捷克音乐活动,结识了很多进步音乐家,这使他极大地丰富了各种音乐知识,并在欧洲古典主义和浪漫主义风格的基础上,逐渐形成了自己极具民族特色的创作风格。1865年,他的第一交响曲《茨洛尼斯的钟声》问世,标志着他

德沃夏克肖像

创作旺盛期的开始。

1872年，德沃夏克31岁，这一年他创作了赞美诗《白山的子孙》，表达了他对祖国的深切热爱。作品一经公演，很快便风行全国，为他赢得了很高的声誉。此后，他又创作出不少优秀作品，其中创作于1878年的《斯拉夫舞曲》奠定了他作曲家的地位。

出国巡演是所有著名音乐家的必要业务，德沃夏克也不例外，他先后多次出访英国和美国，接触到的黑人和印第安人民间音乐对他影响很大，为他后来创作《第九交响曲》奠定了基础。

晚年，德沃夏克头上戴满耀眼的光环，出任布拉格音乐学院院长，当选捷克科学院和艺术研究院院士，被授予奥地利三级金质勋章，并获得英国剑桥大学和捷克大学名誉音乐博士荣誉。1904年，他完成生命中最后一部歌剧《阿尔密达》后大病一场，5月1日，突然患因脑溢血溘然长逝，终年63岁。为了悼念这位用音乐为祖国的自由和解放而斗争的音乐家，捷克为德沃夏克举行了国葬。

德沃夏克对待音乐严肃认真，要求完美，他不允许自己的作品存在一丝瑕疵，稍有不满，他就会将作品撕毁。他一生作品很多，体裁也很广，几乎囊括了歌剧、神剧、清唱剧、交响曲、序曲、狂想曲、谐谑曲、斯拉夫舞曲、钢琴曲、小提琴曲、弦乐曲等所有音乐体裁，其中很多作品都取得举世瞩目的成就，如《狂欢节序曲》、《F大调弦乐四重奏》、《水仙女》、《国王与煤工》。他最为著名的作品是《第九交响曲》和《b小调大提琴协奏曲》，而这两部作品无不表现了他强烈的爱国热情，其中《b小调大提琴协奏曲》为其借鉴美国黑人民歌而创作，因而他曾在信中说："如果我没有看见美国，我是永远也写不出像现在所写的交响曲来的"。

德沃夏克的诞生地——布拉格近郊的小村庄米尔豪森的这座房子。他原本应该成为一个屠夫，却出人意料的成为著名的作曲家。

【狂想曲】

狂想曲起源于古希腊，起初是民间叙事诗的歌唱片段，十九世纪初开始形成结构自由的器乐曲体裁，曲中经常采用民间旋律，具有浓郁的民族特色，代表作品有李斯特的《匈牙利狂想曲》、拉威尔的《西班牙狂想曲》、格什文的《蓝色狂想曲》等。

MUSICMASTER 作品赏析 workappreciation

《第九交响曲》

《第九交响曲》又名《新世界交响曲》，是德沃夏克在1892年到美国纽约的第一个冬天就着手创作的一部交响曲，大约花费了将近半年的时间。

在形式上，《第九交响曲》沿用了传统的交响乐架构；但在内容上，作者将自己的乐思糅进成美国黑人和印第安人的民歌和民谣，以更加完美地表达自己的思想。这部"多民族音乐的混合体"于1893年12月在美国首演获得极大成功，美国媒体甚至称其为"美国的交响乐"。在一定程度上，德沃夏克的《新世界交响曲》充当了美国的外交大使，为美国20世纪的文化输出奠定了基础。

格林卡作品专辑的唱片封面，采用的图片是丹麦著名画家阿道夫·泰德曼的绘画作品。

格里格
Edvard Grieg 1843-1907

格里格像

19世纪中后期，欧洲的民族解放运动和浪漫主义艺术思潮风云迭起，在这股风潮的影响下，音乐领域也掀起了以拥护民族独立为目标的音乐改革。很多音乐家摒弃原来传统的音乐风格，开始创作具有本民族特色的音乐，这使欧洲的民族乐派迅速崛起和发展。民族乐派并不属于某一时间范畴，但音乐史上仍将其划为一个整体。

李斯特曾于1868年给格里格写了一封信，在信中说："看到你的奏鸣曲真是让我喜出望外。这首优美的乐曲就是你具有伟大作曲天才的证明。在这首曲子里，显出了你的独创性。我祝贺你在你的祖国所取得的成就，相信你一定能继续发挥你的才华。"

爱德华·格里格不仅是挪威民族乐派的主要创立者，同时还是一位颇有声望的钢琴演奏家。他于1843年6月15日出生在卑尔根一个商人家庭，从小受到很好的音乐教育，并较早表现出在音乐方面的天赋。他从很小就开始学习莫扎特、肖邦、舒曼等人的作品，9岁时谱写了处女作《德国主题变奏》，15岁时离开家乡到德国莱比锡音乐学院学习，4年后以优异的成绩毕业回国。

1864年，格里格结识比自己大一岁的挪威作曲家诺尔德拉克，并与其一起研究挪威的民族音乐。两年后，格里格举办了自己的音乐会，在当时引起轰动，一时间，他成为家喻户晓的音乐家。但正当他的事业腾飞时，挪威的民族独立运动遭遇挫折，他也受到压迫，一度陷入消沉。此后，他曾两次访问意大利，并与著名音乐家李斯特结下友谊，李斯特对他作品的欣赏使他重新认识到自己作品的价值。

格里格的的作品《G大调第二小提琴奏鸣曲》乐谱的影印件。

此后，格里格在政府的资助下开始全身地投入创作，1876年，他终于迎来了辉煌时刻，他的作品《培尔·金特》上演之后获得巨大成功，并很快风靡整个欧洲，他所到之处无不备受欢迎，他成为世界音乐界的骄子，整日奔忙于世界各地的巡演之中。晚年，他又完成《挪威农民舞曲》和《挪威舞曲》两部作品。

1907年，63岁的格里格不顾重病决定出访英国，终因病情恶化未能成行，于9月5日离开人世，离开他为之沉醉一生的音乐。

1907年9月10日，挪威最大的海港城市卑尔根显得格外静穆，街道上拥挤的人群异常沉默，人们为刚刚陨落的音乐巨星陷入悲痛之中。作为挪威最优秀的民族音乐家之一，格里格为挪威民族音乐的发展作出了巨大贡献，这使他成为少数享有国葬荣誉的人之一。

格里格一生创作了大量作品，主要有：《a小调钢琴协奏曲》、《钢琴奏鸣曲》、《第一小提琴奏鸣曲》、《秋》序曲、《培尔·金特》、《弦乐四重奏》、《霍尔堡组曲》、《抒情组曲》、《挪威舞曲》、《挪威的生活素描》、《天鹅》、《别离》、《水莲》、《纪念赋曲》、《乐人之歌》等等，其中很多优美的曲子现在仍很受欢迎。

格里格早期的作品受门德尔松和舒曼的影响较深，但自从他接触到挪威民族音乐之后，便开创了属于自己的独特音乐风格。他能够巧妙地用古典音乐的结构形式和传统音调将主题表达出来，使之颇具民间音乐的风味，仿佛那清新动人、淡雅恬美的北欧特色触手可及。此外，格里格的作品还以"小"著称，短小的抒情形式使他获得极大成功，最著名的《培尔·金特》便是其中之一，因此他又被称为"小品大师"。

虽然格里格生前就享有至高的声誉，但是很多音乐家真正了解他的作品却是在他去世之后，他们发现他不仅仅是复制挪威民族音乐古老的旋律，而是融入了自己对挪威、对人民的赞美，后世音乐家可以从中获取弥足珍贵的音乐财富。格里格被誉为"北欧音乐巨星"，但他在音乐上的成就远远超出了北欧。

【挪威民族乐派】

在众多的民族乐派中，挪威民族乐派以其特有的风格和韵味跻身欧洲乐坛，它继承了19世纪以来浪漫主义音乐发展的成果，以叙事歌的风格歌颂历史，歌颂自然风光及民间的童话、民间生活尤其是农村的生活，而且把民间的调试、和声配置及典型民间舞曲的热情奔放和活泼的旋律带到作品中，其代表人物便是格里格。

发舟西苔岛
华托
1684-1721

福莱
Gabriel Fauré，1845-1924

加布里埃尔·福莱是法国的作曲家、管风琴家、钢琴家以及音乐教育家，出生在法国南部比利牛斯区阿列日省的帕米耶，父亲是一位教师，担任当地师范学校的校长。福莱是家中最小的儿子，幼年时便对风琴产生了极大的兴趣。9岁时，福莱被送到巴黎尼德梅耶学校，这是一所古典宗教音乐学校，主要培养宗教音乐的专才，教授关于宗教音乐的各个方面。

福莱在学校里熟悉了无伴奏歌唱和格利戈里圣咏，并在那里结识了一生的良师益友——圣·桑。1865年，福莱从尼德梅耶学校毕业，获得了多项奖项。之后他在各地担任风琴师，如果一切顺利，他原本可以成为玛德莲教堂的管风琴手，然而1870年普法战争爆发后，他被编入军旅，参与战事。

法国音乐的命运因普法战争而改变了，圣·桑在战事的刺激下于1871年创立了国民音乐协会，试图透过法国古典主义的回归来对抗当时盛行的舞台音乐，寻找法国高卢人音乐的声音，至此，法国国民乐派诞生了。福莱毕生致力于发展法国民族音乐，身为法国民族音乐协

【木管乐器】

木管乐器因木质结构而得名，但现在大都是金属和塑料材质，包括长笛、双簧管、单簧管、排箫和低音管。木管乐器有一个共同的特点，即中间有一个空管子可以吹出空气。在乐曲家族中，木管乐器很出色，在伴奏和独奏中都有独特地位，此外，它还是交响乐队的重要组成部分，能塑造各种惟妙惟肖的乐声，丰富了管弦乐的效果。

会的创办者和领导者之一,他为《费加罗报》撰写的音乐评论,对当时法国音乐社会气氛的形成起了相当大的作用。

作为法国民族乐派的组织者,福莱创作了很多优秀作品,主要有:管弦乐曲《帕凡舞曲》、《洋娃娃组曲》;歌剧《普罗米修斯》、《佩内洛普》;戏剧配乐《夏洛克》、《佩利亚斯与梅丽桑德》;钢琴与乐队《叙事曲》、钢琴与乐队《幻想曲》。

福莱同时还以音乐教育家身份享誉世界,他在巴黎音乐学院实行改革,提拔年轻有为的青年作家,拉威尔·罗·迪卡斯、凯什兰、施米特、奥贝尔和艾涅斯库等都是他培养的学生。他为法国近代音乐的发展作出了重要贡献。并且在和声与旋律的用法上,福莱也对后辈产生深远而持久的影响,成为法国音乐年轻一辈作曲家的精神领袖。

福莱室内乐的专辑CD封面。福雷的音乐作品以声乐与室内乐闻名,在和声与旋律的用法上也影响了他的后辈。

绘画《烘饼磨坊》,20世纪法国杰出画家尤特里罗作品。在当时的法国,艺术家们往往在烘饼磨坊集会。

正在演奏的西贝柳斯。西贝柳斯创作的《芬兰颂》后来成为芬兰的"第二国歌"。

西贝柳斯

Jean Sibelius 1865-1957

西贝柳斯德

尽管西贝柳斯已经逝世半个世纪了,但他在芬兰古典音乐的舞台上的地位仍然那么重要,他是名副其实的世界级大师,其7部传世交响乐在世界各地深受欢迎,唱片发行量经久不衰。西贝柳斯的名曲《芬兰颂》和《地狱的天鹅》用音乐表达了一种民族认同感,在芬兰得到普遍欢迎,芬兰马可钞票上就有他的头像。在芬兰这个小国,西贝柳斯的与九枚奥运会金牌得主努尔米同是芬兰人民的骄傲。

西贝柳斯是芬兰著名音乐家,民族乐派的代表人物,出生在一个名不见经传的小镇,父亲是驻扎在那里的一个团的军医。从小,西贝柳斯就喜欢在钢琴上演奏音乐,15岁时跟随那个团管乐队的教师上小提琴课。从赫尔辛基音乐学院毕业后,24岁的他赴德国学习音乐,后又去维也纳深造。在维也纳期间,他为自己赢得了名声，等他回到芬兰时，已经以第一首伟大的音乐诗《萨迦》（意思是来自古老的传说）而闻名了，在当时引起极大的轰动。

西贝柳斯共创作了一部歌剧、7首交响乐和交响诗以及许多小型作品，其大部分作品都具有浓郁的民族特色，凝聚着深沉的爱国主义感情，因而获得了世界的公认。著名的交响诗《芬兰颂》是他的代表作品，他的作品还有《内心之声》——为莎士比亚戏剧《暴风雨》而作的配乐。现代音乐有两个伟大的"S"，指的就是西贝柳斯和理查德·施特劳斯。

用芬兰民歌曲调而作的交响诗《芬兰颂》，是民族主义音乐的典型代表，吹响了芬兰人民同沙皇俄国进行斗争的号角。作品完成于1899年，当时芬兰人民掀起了反抗沙俄压迫的自卫战争，希望获得芬兰的自由并维护宪法权利。人们为支持被迫停刊的报界，组织了为记者募捐的义演活动，在义演的一次晚会上，西贝柳斯为"历史场景"这个节目写了不少配乐，其中就有著名的《芬兰颂》。此曲推动了芬兰解放运动的发展，因此被誉为芬兰的"第二国歌"。

芬兰独立后，西贝柳斯被授予终身年金，被称为"芬兰民族之魂"。他去世后，芬兰政府在赫尔辛基市建了一座纪念碑，以此来表达对这位民族音乐家的无比敬仰。

西贝柳斯在芬兰家中的阳台上吃早餐。

【交响音乐】

交响音乐包括交响曲、协奏曲、乐队组曲、序曲和交响诗五种体裁，是一类器乐体裁的总称，而不是一种特定的体裁名称。它由大型的管弦乐队演奏，有严谨的结构，音乐有深刻的内涵，而且表现手段丰富。

《第五交响曲》

《第五交响曲》写于1915年，并于同年12月8日西贝柳斯50岁生日时首演。该曲分三个乐章：第一乐章形式自由，第二乐章是稍快的行板，第三乐章是全曲的中心，情节跌宕起伏，回环往复，引人入胜。

《音乐课》，莱顿作品。沃恩·威廉斯从7岁开始学习小提琴，中学时担任乐队小提琴手。

拉尔夫·威廉斯
Ralph Williams 1872-1958

拉尔夫·沃恩·威廉斯

　　沃恩·威廉斯是英国作曲家、著作家和指挥家，生于英国格洛斯特郡，父亲是当地的一个教区牧师。他自幼学习钢琴与小提琴，曾受教于剑桥大学和皇家音乐学院，毕业后担任教堂的琴手与合唱指挥。

　　沃恩·威廉斯一生创作了大量作品，如以民间主题为基础写成的《三首诺福克狂想曲》、根据塔利斯的赞美诗写成的《塔利斯主题幻想曲》。除此之外，他还写过大量歌剧，有《牲口贩赫由》、《恋爱中的约翰爵士》、《奔向大海的骑士》等。沃恩·威廉斯的最大成就是他的九部交响曲，其中以《伦敦》交响曲、《田园》交响曲、《D大调交响曲》最为著名。

　　不仅如此，沃恩·威廉斯还非常热心于音乐普及活动，与霍尔斯特等人编辑的《英国赞美诗》影响深远，在出版五十周年时印数已达五百万册。他毕生致力于传播具有高度艺术性的专业音乐，希望在民间音乐生活中传播纯粹的音乐艺术。

　　在音乐风格上，沃恩·威廉斯继承了欧洲大陆的音乐传统，形成了鲜明的民族风格。以他为代表的一代英国作曲家，摆脱了对德国音乐的依赖，使沉默了约200年之久的英国音乐再次获得世界声誉。

柯达伊
Zoltan Kodaly 1882-1967

柯达伊像

柯达伊是匈牙利的著名作曲家、民族音乐学家和音乐教育家。他就学于布达佩斯音乐学院，二十五岁在该校任教，1906年凭借《匈牙利民歌诗节的结构》一文获哲学博士学位。他关注匈牙利民歌，并做了大量的收集研究工作，继承了民族音乐文化传统，曾编辑出版《匈牙利歌曲》4册。

对民歌的研究成果成了柯达伊后来创作的源泉。在创作风格上，他把匈牙利民歌与欧洲古典传统的创作技法相融合，形成了自己独特的风格，其作品涵盖了所有的音乐体裁：民谣歌剧、合唱、组曲及室内乐、交响曲、钢琴曲等。

1925年，柯达伊满腔热情地投身于普通音乐教育，把提高国民的音乐素质作为目标，希望音乐教育能成为国民生活的一部分，为此他动员了大批的专家、学者、优秀教师参加到这一活动中。他把匈牙利的民族音乐作为音乐教育的内容，使下一代在音乐中了解匈牙利的历史和文化，增强民族意识，在他的努力下，音乐课成为学校课程的有机组成部分。同时，他积极倡导歌唱运动，进行教材改革，并在长期的实践中形成了著名的"柯达伊教学法"。

柯达伊一生创作了很多优秀作品，主要有《孔雀变奏曲》、《塞凯利家的纺纱房》、《匈牙利诗篇》、《加兰特舞曲》等，还有音乐理论《匈牙利民间音乐中的五声音阶》和《论匈牙利民间音乐》等。

【维也纳国家歌剧院】

维也纳是世界音乐之都，维也纳国家歌剧院是世界顶尖、历史悠久的音乐圣殿，在奥地利人心目它中有着极其崇高的地位，是奥地利传统文化的象征。一直以来，维也纳国家歌剧院就是世界歌剧迷朝圣之地，百余年来其音乐总监都是赫赫有名的大师，如马勒、理查德·施特劳斯、卡拉扬、马捷尔、阿巴多，这些指挥大师们亲手打造了维也纳国家歌剧院不朽的辉煌。

弹奏弦乐的壁画，弦乐曾在欧洲风行。

田园合奏
乔尔乔内
1476-1510

导读 二十世纪乐派

在人类历史上,从来没有一个世纪能像20世纪那样发生如此巨大的变化。两次世界大战对人们的思想和观念造成前所未有的震撼,迅猛发展的科学技术将世界推向一个全新的未来。在时代精神的影响下,所有艺术,如文学、戏剧、绘画等都以强劲的发展势头,突破旧形式的束缚,表现出新的生命力。像其他艺术形式一样,20世纪的音乐也摆脱了古典的美学传统,出现多样化、多流派的特征。

动荡的20世纪改变了人们的生活、心理和思维方式,20世纪的作曲家不再追求整齐划一,转而追求充分展示个性,他们各自按照自己的方式创作,绝少雷同,即使是属于同一流派,也都表现出绝然不同的音乐风格。在加上新奇的音乐手段的出现,更加使这个世纪的音乐纷繁复杂。当然,也有作曲家仍然在传统的道路上孜孜以求,但那毕竟是少之又少。

20世纪出现的音乐流派超过以往任何时候,在上半个世纪影响较大的乐派有"原始主义"、"新古典主义"、"十二音主义"、"现实主义"、"序列音乐",在各个流派中均出现了很多卓越的音乐家。到20世纪50年代以后,又出现了如"偶然音乐"、"具体音乐"等略显怪异的音乐流派。

19世纪兴起民族主义音乐经过将近一个世纪的发展，在20世纪初有了新的发展。录音机的发明使作曲家告别了传统的记谱方式，精确记录下民间音乐的原貌，并将其独有的精神风貌扩大，以展现原始民族音乐的灵性。新民族主义音乐的代表人物是匈牙利的巴托克，他运用古典、浪漫以及现代音乐的各种手法，将匈牙利原始民族音乐中那"鲜为人知"的精神公之于众，代表作有《管弦乐协奏曲》、《蓝胡子公爵的城堡》。

新古典主义乐派，顾名思义，是一种主张恢复古典音乐传统，"返回巴赫"的音乐流派。新古典主义的作曲家们以巴洛克音乐的客观因素为创作准则，排斥浪漫主义音乐的主观性，俄国作曲家斯特拉文斯基是该流派的倡导者。斯特拉文斯基曾以极具原始主义风格的歌剧《春之祭》，令观众瞠目结舌，然而他之后的文静、典雅的芭蕾音乐《浦契涅拉》再次令观众震惊，轰动一时。在新古典主义的道路上探索多年后，斯特拉文斯基取得令人瞩目的成就，甚至有人认为他的作品是浪漫主义音乐结束的标志。

第一次世界大战之前，早在绘画、诗歌领域流行的表现主义扩展到了音乐领域。表现主义主张表现主观感受，营造奇异紧张的气氛，这一点与浪漫主义十分相似。不同的是，表现主义的创作常常是将心灵深处的矛盾冲突，通过潜意识对现实夸张、变形表现出来。代表人物有勋伯格、贝尔格和韦伯恩，他们又被称为"新维也纳乐派"。

勋伯格最重要的成就是创造了用12个音作曲的新方法，这种方法可以在具体作品中产生多种变化，从而脱离了传统的调性音乐的组织方法，在20世纪后半期的欧洲音乐产生重大影响。代表作品有《钢琴组曲》、《乐队变奏曲》。贝尔格在勋伯格之后，将古典曲式、无调性音乐和12音音乐等多种音乐手法完美结合，著名歌剧《沃采克》是这方面的典范。韦伯恩对12音规则的运用则更加纯熟和彻底，而他抽象的音乐语言则具有更多的实验性因素。

任何事物的发展似乎都呈螺旋上升的状态，音乐也是如此。到20世纪70、80年代，被放弃大半个世纪的浪漫主义音乐再次被重提，称为新浪漫主义。像浪漫主义乐派一样，新浪漫主义乐派仍然注重主观感情的表达，并恢复了音乐的调性、功能以及和声，甚至以19世纪浪漫主义音乐为素材。但不可否认的是，新浪漫主义乐派的音乐语言、创作手法、艺术风格都取得极大发展，是音乐史上的一次进步。

盲女的音乐生活
约翰·艾夫莱特·米莱斯
1829-1896

格什温边弹琴边作曲。格什温有超强的记忆力,只要是听过的曲子,都能弹奏出来。为了纪念这位作曲家,纽约爱乐乐团每年都要举行格什温作品专题音乐会。1945年,华纳公司以他的音乐和生平为基础,拍摄了电影《蓝色狂想曲》。

格什温

George Gershwin 1898–1937

纽约爱乐乐团每年都要举行"格什温作品专题音乐会",来纪念这位具有创新精神的作曲家乔治·格什温。

乔治·格什温是美国著名作曲家,生于纽约市布鲁克林一个贫苦俄国移民家庭。1916至1920年间,格什温从事歌曲创作,他早期的歌曲通俗易懂、富于旋律性,因而流传甚广,其中《斯瓦尼》使他一举成名。

使格什温成为世界级作曲家的是其于1924年发表的交响曲《蓝色狂想曲》。1925年,纽约爱乐乐团开始委托他作曲。1928年,他创作了管弦乐曲《一个美国人在巴黎》,之后便开始涉足电影音乐,为好莱坞电影作曲。1932年,他创作的《为君而歌》荣获"普利策奖"。1935年,他完成有重要影响的黑人歌剧《波吉和贝丝》。

一直以来,美国音乐就深受欧洲主流音乐的影响,直到20世纪初才有明确表现美国国民性格的音乐出现,其先驱者就是格什温。他将美国流行的通俗爵士乐运用在传统音乐中,创造出交响爵士乐,成为美国音乐的一种特色,这是一种成功的尝试,它"容许爵士乐从酒吧间门里探出头来"。

格罗菲
Ferde Grofe 1892–1972

1924 年，美国作曲家菲尔德·格罗菲为格什温的《蓝色狂想曲》配器，结果大获成功，从此声名大振。然而，回顾格罗菲的人生历程，却并非都如成功时惬意。

菲尔德·格罗菲于 1892 年出生在美国一个音乐之家，自幼跟随父亲和母亲学习中提琴、钢琴、小提琴以及和声。很少有音乐家的家境像格罗菲这样贫寒，他不得不生计奔波，先后做过报童、司机和书籍装订工人。1909 年，17 岁的格罗菲进入洛杉矶交响乐团担任中提琴手。1920 年，他开始从事钢琴演奏员的生活，同时开始乐曲编排和指挥。

1931 年，格罗菲创作了描绘亚利桑那州北部自然风光的管弦乐组曲——《大峡谷》，将大峡谷变幻无穷的自然之美，通过音乐的方式表达出来。正是这部曲子，使格罗菲完成了从乐曲改编者到作曲家的转型。

格罗菲还是一位民族音乐家，年轻时，他就把美国本土音乐作为自己的发展方向，并成功地将爵士音乐融入严肃音乐之中。因此，在格罗菲的作品中可以感受到鲜明的美国民族气息。他善于描写的音乐手法，常常给人以清新、热情、轻松、活泼之感；而曾是配器家，又让他在作品中给了乐器相当重要的地位，这使得他的音乐呈现出层次分明、色彩清澈明朗的效果。

格罗菲的代表性作品有：《大峡谷》、《密西西比河组曲》、《好莱坞组曲》、《加利福尼亚组曲》、《钢铁》交响曲、《克努特·罗克尼》、《大都会》、《自由颂》、《马克·吐温》组曲、《车轮》组曲、《好莱坞》组曲。

菲尔德·格罗菲

1921 年保罗·怀特曼和他的乐团。格罗菲坐在右侧的钢琴旁边。

伦勃朗绘画作品《夜巡》。在马勒《第七交响曲》的第二和第四乐章中,有一支《夜曲》,很多人认为这支《夜曲》是对伦勃朗《夜巡》的有感而发。

马勒
Gustav Mahler 1860-1911

他终其一生在音乐中苦苦探索的原因只有一个,就像他自己所说的那样:"当世界上的某个角落还有人在遭受苦难时,我怎么能幸福呢。"

古斯塔夫·马勒是著名的指挥家、作曲家,1860年7月7日生于波希米亚的一个贫寒的犹太人家庭。他从小就显露出超人的音乐天赋,到8岁时已经开始教授其他孩子弹钢琴。马勒的家乡流传着许多优美动听的民间音乐,为他日后的音乐创作提供了丰富的创作素材。15岁那年,马勒进入维也纳音乐院接受正规音乐教育,先后学习了钢琴、和声、作曲等课程。稍后,他还到维也纳大学学习了文学和哲学。

1880年,马勒离开维也纳,开始了指挥家的生涯。这时,他已经显露出自己独特的指挥风格:深刻、严谨、热情而准确,且不受传统形式束缚。在1891年到1897年间,马勒不仅担任了汉堡市歌剧院的首席指挥,还利用业余时间开始作曲,他的第二、第三交响曲就是此时完成的。

马勒艺术事业的"黄金时代"在他受聘为维也纳皇家歌剧院音乐总指挥时开始。他以旺盛的工作精力、积极进取的精神、卓越的艺术才能投入指挥中,精确独到的向观众诠释了古典音乐的美与力,成功上演了大量优秀的德、奥传统歌剧曲目。马勒近乎完美的指挥不仅为他赢得了鲜花和掌声,更为他

【正歌剧】

正歌剧一般指意大利歌剧,定型于十七世纪末,又被称作严肃歌剧,以歌颂古代英雄为主要题材,分三幕演出。

音乐以宣叙调和咏叹调为主,阉人歌唱家演唱以二重唱为主进行演唱。著名的作品有:《阿格丽品娜》、《尤利乌斯·恺撒在埃及》、《帖木而》、《罗德琳达》。

音乐表达的故事性,类似文学作品。马勒在《大地之歌》第四乐章中,就表现了死亡的征兆和死亡时的衰败。

赢得了国际盛誉,一时间,他成为欧美各国人民交口称赞的伟大音乐家。

马勒的作品具有后期浪漫派音乐的艺术风格,构思巧妙、规模恢弘。然而,马勒并非一成不变的继承浪漫主义风格,而是将自己的创作才华融入其中。为了增强音乐的表现里,他将合唱加入交响乐中,以求发展维也古典交响乐的传统;他在作品中大量运用民间音乐因素的做法,对20世纪音乐的发展起到重要作用。

任何艺术家的作品都是与其生活的时代紧密相连的,音乐家也不例外。马勒的作品也具有鲜明的时代性,一方面,饱含着对美好事物的追求,对生活理想的憧憬,对人生的赞美;另一方面,又不遗余力的对黑暗现实加以批判和嘲讽。他一生创作了大量作品,其中最为著名的是9首交响曲和一些交响性套曲,比如《大地之歌》《少年魔角》《亡儿之歌》。

马勒是19世纪末至20世纪初世界上最重要的指挥家和作曲家之一,他一生跨两个时代,两个时代的音乐风格在他的作品中都有很好的体现。

MUSICMASTER 作品赏析 workappreciation

《大地之歌》

《大地之歌》是马勒根据汉斯·贝格的《中国之笛》中翻译李白、孟浩然和王维所作的七首唐诗创作的。此曲包括六个乐章,将李白的《悲歌行》、《采莲曲》、《春日醉起言志》、《琉璃亭》;钱起的《效古秋夜长》;孟浩然的《宿业师山房待丁大不止》和王维的《送别》七首唐诗囊括其中。

《D大调第一交响曲》

这部作品是马勒的第一部交响曲,也被称为《巨人》或《提坦》交响曲,这首乐曲表现了血气方刚的年轻人刚刚踏入人生路途,在狭窄的世界里奋斗的激情。以强有力而热情奔放的气势结束。马勒在这部作品运用了编制宏大的管弦乐,而且成功地使各种乐器很巧妙地唱出了歌曲型的旋律,是马勒早期作品中的成功之作。

米约

Darius Milhaud 1892-1974

达律斯·米约像

达律斯·米约是法国著名作曲家，然而他的名声不仅仅在于他的作品，还在于他与奥里克、迪雷、奥涅格、普朗克、塔耶弗尔，共同组成了以强调多调性技巧手法为音乐理念的"法国六人团"。

米约于1892出生在一个犹太富商的家中，7岁开始学习小提琴，后进入巴黎音乐学院继续小提琴深造，同时开始学习作曲。在1916年之后的两年，他曾担任法国驻巴西大使的私人秘书，受到巴西音乐风格的影响。1918年，他回到巴黎，成为"六人团"的一员。从1940年到1947年，米约在美国度过，后回到法国在巴黎音乐学院和加利福尼亚州密尔斯学院任教。1971年退休后定居在日内瓦，并于1974年在这里结束了自己辉煌瞩目的一生。

米约曾接受古典音乐教育，所以他身上具有古典艺术家的气息，他的作品既运用了多调性手法，又有流行音乐的简洁风格，曲调纯朴，真实自然，曲式有条不紊，多以抒情为主。在创作手法上，他不拘泥于传统手法，不断试验新的作曲方法，并成为后来作曲家借鉴的对象。他早期的作品注重节奏和力度，往往将街头音乐的原始音调融入其中；到后期，多调性手法则成为他的宠儿；而到晚期，他的音乐又趋向于古典主义音乐的特征，稳定而温和。

米约是一位难得的多产作曲家，一生创作的作品多达500件，风格杂陈，瑕瑜互见，包括钢琴曲、室内乐组曲、奏鸣曲、协奏曲、重奏曲、交响曲、电影音乐、芭蕾舞剧、歌曲等等。代表作有《花名录》、《迷途的羔羊》、《屋顶上的牛》、《有罪的母亲》《创世记》、《蓝色的快车》、《克里斯托夫·哥伦布》、《玻利瓦尔》、《火的城堡》。

【电子音乐】

电子音乐简称电音，是将先进科技融入音乐之中，改变人们的视听习惯，以及传统的全演奏形式的一种新的音乐形式。电子音乐有广义和狭义之分，广义的电子音乐是指用电脑、电子合成器等电子设备创造的音乐；狭义的电子音乐是指涉及科技种类的音乐。

电子音乐让每一个人都可以参与音乐创作，以消除人与人之间的隔阂，追求一种博爱精神。

勋伯格
Arnold Schoenberg 1874-1951

勋伯格像

阿诺尔德·勋伯格出生在维也纳，是奥地利极为杰出的作曲家，是西方现代主义音乐的代表人物之一。

因为家境贫寒，勋伯格几乎没受过正式的音乐教育，是自学成才的作曲家，同时还是一位具有大胆创新精神的作曲家。他首创了"十二音体系"的无调性音乐，并与他的学生贝尔格、韦伯恩被合称为"新维也纳乐派"，即著名的"表现主义"音乐流派。勋伯格对音乐所进行的划时代的改革，影响了一大批年轻作曲家，达拉皮科拉、欣涅克以及肖斯塔科维奇等人都或多或少地受到他的影响。

凭着大胆的革新精神，勋伯格坚定地探索着自己的音乐之路，创作了大量优秀作品，具有代表性的有：交响诗《光明之夜》、《佩列阿斯与梅丽桑德》、《室内交响曲》、歌剧《期望》以及《一个华沙的幸存者》。此外还有很多弦乐四重奏、钢琴、声乐作品等。

除著有大量音乐作品外，勋伯格还有许多音乐理论著作问世，比如《和声学教程》、《和声的结构与功能》和《风格与思想》。

20世纪著名的"表现主义"乐派代表人物勋伯格，于1951年7月13日在美国的洛杉矶逝世，终年76岁。

【表现主义乐派】

表现主义音乐与传统的审美追求相反，它不像古典乐派那样崇尚理性，而是崇尚非理性的潜意识和本能。表现主义就是在苦闷的基调上构筑特定情绪，从这个意义说表现主义者创造了"哲学性的音乐"。这个音乐流派深刻揭示了人生的焦虑，为人们认识现实生活和艺术的关系提供了一个新视角，同时带来深深的思索。

正在授课的勋伯格。勋伯格不仅是位作曲家，还是位著名的音乐教育家。

苏萨作曲专辑的黑胶唱片封面。

苏萨

John Philip Sousa   1854-1932

对于20世纪的音乐界来说,有一个人们永远无法忘记,他已经成为人们的偶像,一个代表欢乐和愉悦的偶像,他便是被誉为"进行曲之王"的美国作曲家、军乐指挥家——约翰·菲力浦·苏萨。

1854年,混血儿苏萨在华盛顿出生,父亲是葡萄牙后裔,母亲则来自德国。但混血儿的身份,并没有使苏萨过早显露出音乐天赋,他按部就班的接受音乐教育,7岁学习小提琴和声乐,十几岁时在一个马戏班乐队担任小提琴手,后进入海军陆战队乐队做了一名演奏员。海军陆战队乐队的生活为苏萨成为军乐队指挥家奠定了基础,5年后,他离开海军陆战队,带领一支小型演出队四处演奏,并开始自己创作乐曲,但这只是简单的歌曲、戏曲小品和不甚成熟的一两部轻歌剧。奠定他在音乐史上永恒地位的进行曲,则在稍后才问世。

1880年,26岁的苏萨出任美国海军陆战队军乐队长,从此进入军乐指挥生涯和进行曲创作期。《罗马斗士》进行曲是苏萨带给音乐界的首次震撼,这首曲子似乎是一锤定音,敲定了苏萨在美国音乐界的地位,以及他以后作品的基本基调。在一次军队大检阅中,竟有17支军队同时演奏这首曲子。此后,苏萨不断有佳作问世,像《圣泊尔·费德里斯》、《华盛顿邮报进行曲》、《高中学生进行曲》等。直到1919

苏萨像。曾担任海军陆战队队长的苏萨,在结束军队生涯后,仍然坚持军人的装扮。

年第一次世界大战结束，苏萨始终是激励美国民众的音乐象征，是美国人民最为尊敬的军乐大师和最富魅力的作曲家。

像很多不懂经济的音乐家的一样，苏萨的财务状况也不甚理想，他将很多作品卖给出版商，每曲的报酬是35美元，而出版商却凭此建起一座管乐器工厂。38岁时，苏萨成立了自己的乐团，并很快声誉鹊起，成为当时最受欢迎的乐队之一。第二年，苏萨出版《自由之钟》，优美的旋律使出版商大赚，同时苏萨也在一纸合约的保障下确保了应有利益。

苏萨和友人在一起。

在经济允许的条件下，苏萨曾率乐队先后4次远赴欧洲演出，并在1911年进行了环球演出，所到之处如南非、新西兰、澳大利亚、裴济群鸟和夏威夷等地都受到空前的欢迎，他的作品也在这些地区广为传播，大大提高了他在世界范围的知名度。

苏萨创作了一百多部进行曲，每部作品都是经他精雕细琢而成，每部都结构完整、完美无瑕，很难在他的作品中强制性的评出优劣，因为每部都有其独到之处，我们只能在他的作品中挑出最受人们欢迎的曲目，其中包括《星条旗永不落》、《圣泊尔·费德里斯》、《曼哈顿海滩》、《棉花王》、《越过海洋的握手》、《哦，船长》。

除大量军乐曲之外，苏萨还创作了很多轻歌剧、歌曲，极大地推动了美国铜管乐的发展，他确实是当之无愧的"进行曲之王"。

苏萨于1932年去世，享年78岁，他的一生都献给了音乐事业，并在世界音乐史上占有重要地位，在20世纪的音乐界尤为重要。

【爵士乐】

爵士乐由民歌发展而来，具有明显的美国特色，最初是美国黑人奴隶表达自我情感的手段，从十九世纪末开始融合了布鲁斯、拉格泰姆等音乐元素，形成独特的音乐类型。爵士乐这种保存大量非洲特色的音乐形式，在某种意义上不单单是一种新音乐，更是一种全新的音乐表达形式。

《星条旗永不落》

这部作品是一首管乐合奏曲，最大限度地表现了铜管乐队的功能，气势磅礴、气氛热烈，情绪高昂地歌颂自己的国家和军队，是极有鼓动力的音乐作品中的代表。全曲共分5个片段，第一个片段为引子，旋律雄壮奋进，节奏明快；接着以铜管乐器为主题的强奏应声而出；随即又进入由木管乐器主奏的第三片段；长号雄壮的声音引导乐曲继续前进；最后在短笛的装饰下，乐曲的两大主题重叠在一起，在情绪饱满、热烈的情绪中，第五片段结束。

《星条旗永不落》是苏萨一生中创作的最伟大、最流行的进行曲，时至今日，如果哪次军队检阅中没有演奏此曲，仍会被认为是不完整的。

法雅的葬礼。法雅是一位忠实的天主教教徒，后人认为法雅是"二十世纪西班牙音乐界最伟大的人物"。

法雅

当人们一致认为西班牙音乐没有传统时，他站出来大声反驳道："我的传统在舞蹈和节奏中，只是没有被系统的整理出来，人民的音乐是我们创作的灵感源泉。"在以后的创作过程中，他证实了自己的看法，此人就是马尼埃尔·德·法雅。

法雅是西班牙作曲家和钢琴家，天生的音乐天赋也许与是钢琴家的母亲不无关系。在母亲的精心栽培下，他11岁时就开始与母亲同台演奏。之后，他随家人迁居马德里，并师从皇家音乐学院的何塞·特拉戈学习钢琴。十年后，法雅向费利佩·佩德雷尔学习作曲，并受其影响开始研究西班牙民族音乐和教堂音乐。

巴黎被法雅称作第二故乡，他说如果自己不去巴黎，就不会有今天的成就。在巴黎，他结识了德彪西、拉威尔等人，在不断的交往过程中受到这些人音乐风格的影响，在他的早期作品中，这种印象主义的痕迹还依稀可辨。同样是在巴黎，他开始意识到民族音乐与世界音乐的相同之处，并尝试把西班牙民间音乐与西欧音乐相结合。

在此期间，法雅还接触到斯特拉文斯基的作品，受其影响，在晚年的作品中体现出新古典主义的风格。当法雅的创作技巧与创作风格在巴黎得到完善后，他回到了西班牙的马德里，但此时他已经是出名

马尼埃尔·德·法雅

在西班牙，经常可以看见这样的街头演奏者。取之不尽的西班牙民族音乐，是法雅创作的源泉。

的作曲家了。

无论受到外界多少影响，法雅的音乐始终不曾脱离自己的民族。他广泛吸收西班牙民歌和民间舞蹈的节奏，但绝非一成不变的照搬；他接受了传统音乐中的装饰音、自由活泼的节奏和调性手法，并把它们灵活的用到自己的创作中。他注重民族音乐的传统，民间舞蹈富于变化的节奏和充满激情的旋律，在他的作品中随处可见；值得关注的，他还将自己强烈的个性在民族传统中表现出来，摆脱了地方民族音乐的局限性，这并非每一个作曲家都能做到。

法雅的头像被西班牙银行部门印上了法郎纸币，由此可见法雅地位的尊崇。

法雅的主要作品有歌剧《人生朝露》、《彼得罗先生的木偶戏》、《阿特兰蒂达》；芭蕾舞剧《魔法师之恋》、《三角帽》；钢琴与乐队曲《西班牙庭园之夏》、《羽管键琴协奏曲》；钢琴曲《安达卢西亚幻想曲》。

法雅并不是一个多产的作曲家，但是他的任何一部作品都堪称经典。尤其是在他的一些钢琴曲，结合了西班牙古典音乐传统与现代音乐元素。

法雅为西班牙民族音乐的发展作出不可磨灭的贡献，被后人称为"20世纪西班牙音乐界最伟大的人物"。

MUSICMASTER 作品赏析 / workappreciation

《魔术师的爱情》

《魔法师的爱情》是一部芭蕾舞剧，由西班牙作曲家法雅在1914年完成，取材于西班牙吉卜赛的传说：吉卜赛姑娘坎黛娜在丈夫死后与卡尔密罗相爱，但丈夫的幽灵却无时不在纠缠他们，阻止他们相爱。后在女魔法师露西亚的帮助下，有情人终成眷属。

这部舞剧共分13个部分，其中《哑剧》部分最受欢迎。在《哑剧》中，长笛、大提琴、钢琴、小提琴等多种乐器均被采用，整体效果十分柔情，深得观众喜爱。

【西班牙音乐】

西班牙特殊的地理位置，让其民族音乐极具特色，东西方音乐的色彩都在这里得到体现，西班牙的舞曲一直是欧洲音乐吸收和借鉴的对象。文艺复兴时期，西班牙的音乐形式以"浪漫曲"和"田园歌"为主。到19世纪，民族音乐占了主导，到后期又出现了现代主义音乐的创作技法。

斯特拉文斯基

Igor Stravinsky 1882-1917

斯特拉文斯基的纪念邮票

在 20 世纪的音乐史上，有一位充满传奇色彩的作曲家，他一生旅居国外，曾先后拥有俄、法、美三国国籍，是一位真正的世界公民。他经历了两次世界大战，足迹踏遍欧、美、非、澳等地的许多城市。他是 20 世纪现代乐派引领潮流的重要人物，始终站在各主要音乐流派的风口浪尖上。他就是俄国作曲家、指挥家——伊戈尔·费奥多罗维奇·斯特拉文斯基。

斯特拉文斯基出生在俄国圣彼得堡的奥拉宁包姆，父亲是圣彼得堡皇家歌剧院男低音歌手。斯特拉文斯基从小学习钢琴，并表现出卓越的音乐才华。但父亲并不希望他从事音乐，1901 年，他遵从父亲的意愿进入彼得堡大学法律系学习。但他对音乐的兴趣远远超过了法律，一年后，他拜俄罗斯著名作曲家里姆斯基·科萨科夫为师，开始了音乐创作之路。

斯特拉文斯基

斯特拉文斯基能够成为 20 世纪举世瞩目的作曲家、指挥家，与他严谨的工作态度和严以律己的工作精神密切相关，他每天至少工作 12 个小时，所有的工具都向他的音乐一样井然有序。他与西班牙著名画家毕加索志趣相投，交情笃深，毕加索曾特意为他作肖像画，并在 1920 年为他的舞剧《普尔钦奈拉》设计布景和服装。

1909 年，斯特拉文斯基为舞剧《火鸟》作曲，该剧演出后立即在欧洲乐坛大放异彩，随后他又相继写出《彼得鲁什卡》和《春之祭》。这三部作品得到了整个欧洲的肯定，同时使这位年轻的作曲家在西方音乐界获得举世瞩目的地位，尤其是《春之祭》已成为斯特拉文斯基早期作品的代表作，也被认为是 20 世纪的经典佳作之一。

从 1910 年起，斯特拉文斯基侨居海外，大多数时间在巴黎度过，1934 年，他正式成为法国公民，为此，他还特意创作了《两架钢琴协奏曲》。第二次世界大战爆发后,斯特拉文斯基到美国定居,并在1945年取得美国国籍,直到去世一直居住在那里。80岁那年,斯特拉文斯基回到阔别已久的祖国访问,虽然得到隆重的接待和热烈的欢迎,但他并未在那里长时间逗留。

1971年4月6日,对20世纪音乐创作产生巨大影响的作曲家斯特拉文斯基因心脏病发作逝世于美国纽约,享年88岁,根据他生前的嘱托,他被安葬在意大利威尼斯的贾吉列夫墓地旁边。

斯特拉文斯基作品众多,其中包括舞台音乐作品《火鸟》、《彼得鲁什卡》、《春之祭》、《普尔钦奈拉》、《士兵的故事》、《阿波罗》、《奥菲斯》、《夜莺》、《玛弗拉》和管弦乐《烟火》、《敦巴顿橡树园协奏曲》。

值得关注的是,斯特拉文斯基不像其他作曲家那样,保持一以贯之的创作风格,而是不断吸收各种新的表现手段,使作品风格迥异,截然不同。比如他早期的三部杰作《火鸟》、《彼得鲁什卡》、《春之祭》受到俄罗斯民族乐派的影响,具有印象派和表现主义风格。而之后创作的《普契涅拉》、《俄狄普斯王》、《仙女之吻》则采用古老的形式与风格,在西方音乐界掀起了一股新古典主义的浪潮。晚年,他又出人意料地接受了曾反对过的序列主义音乐,代表作有《阿贡》、《特列尼》、《士兵的故事》《安魂赞美诗》。

在20世纪的作曲家中,没有谁能像斯特拉文斯基那样,在众多的音乐流派中取得如此巨大的成就,他在西方音乐史中占有重要地位,被誉为音乐界的"伟大老人"、"20世纪最后一位音乐天才"。

斯特拉文斯基画像,雅克·埃米尔作。

【新古典主义】

新古典主义是西方音乐界在20世纪20年代到50年代流行的一个音乐流派。该流派坚持音乐的"艺术至上"原则,排斥浪漫主义乐派追求的标题性、主观性以及印象主义乐派的迷幻朦胧,更加反对表现主义乐派的夸张、怪诞。新古典主义主张恢复18世纪甚至更早的传统音乐风格,崇尚均衡、完美的乐曲结构和理智的感情表达。新古典主义代表人物是意大利作曲家布索尼和俄国作曲家斯特拉文斯基。

MUSICMASTER 作品赏析 workappreciation

《浪子的历程》

这是斯特拉文斯基的代表作品,1951年9月11日,在威尼斯的费尼杰剧院他亲自指挥首演,大获成功。此曲是新古典主义音乐的代表性作品,处处显露了斯特拉文斯基的冷静和客观,表达了18世纪整个英国的音乐气氛。

弗里茨·克莱斯勒照片，现存于美国国会图书馆。

【古罗马音乐】

古罗马音乐继承了古希腊音乐的传统，但是并没有继承古希腊音乐的高尚情操，而是朝着娱乐方向发展。

由于特殊的历史原因，古罗马的音乐更加注重实用性，宗教音乐和各种仪式音乐都得到了发展，就连劳动人民日常生活中的歌曲也没有被忽视。音乐的普及带动了音乐教育的繁荣，同时，类似于现代艺人的职业音乐人出现，他们到处巡回演出，并受到人们的追捧。

克莱斯勒

Fritz Kreisler 1875-1962

弗里茨·克莱斯勒是美籍奥地利小提琴家、作曲家，生于维也纳，父亲是一个狂热的音乐爱好者。受家庭影响，克莱斯勒从小热爱音乐，并表现出极高的音乐天赋。

7岁时，克莱斯勒进入维也纳音乐院，向奥尔和黑尔梅斯贝格学习音乐，10岁时便获得学校颁发的金质奖章。1885年，他前往巴黎音乐院，向马萨尔、德利布分别学习小提琴和作曲，并于两年后赢得著名的小提琴比赛中的罗马大奖。此后，为了在各个方面充实自己，他先后到维也纳大学附属医科学校学习医学，到巴黎和罗马学习语言、美术、雕塑和艺术史。直到21岁时，克莱斯勒才真正走入音乐生涯。

从 1897 年开始，克莱斯特进入了人生辉煌期，重要的聘约接踵而至。1889 年，克莱斯勒与图尔·尼基什指挥的柏林爱乐乐团合作举行了柏林首演，引起轰动，从而确立了他小提琴家的地位。一年后，克莱斯勒回到美国，与很多著名演奏家或乐团合作，举行了一系列巡演，得到美国观众的认可，进一步提高了国际声誉。第一次世界大战期间，克莱斯勒因反对纳粹，先加入法国国籍，后又改入美国籍。

克莱斯勒的钢琴，随意的摆放的物品包含了很多人生记忆，一如克莱斯勒的作品那样随意和温情。

作为 20 世纪初最有影响力的小提琴家，克莱斯勒有"小提琴之王"的美誉。他是第一个采用持续揉指演奏的小提琴家，极大地丰富了小提琴的表现力；他还是现代弓法演奏所特有的"说话"和"演讲"般的发音的发起者，这种技法使得他的琴音温暖而饱满，充满激情，极富感染力。此外，他还缔造了自己兼具维也纳和法兰西风格的、独特的"克莱斯勒"风格。著名指挥家布鲁诺·瓦尔特曾这样评价他："他不是在演奏小提琴，他简直就是小提琴的化身"。

作为著名作曲家，他一生创作了大量作品，主要是小提琴作品，有四十多首，具有代表性的有：《美丽的罗丝玛琳》、《爱的喜悦》、《爱的忧伤》、《维也纳随想曲》、《爱之欢乐》、《中国花鼓》等。值得一提的是，他还曾改编过舒曼、贝多芬等音乐泰斗级人物的作品。

MUSICMASTER 作品赏析 / workappreciation

《爱之欢乐》

这首幻想小曲内容忧伤，运用了维也纳乡土旋律。乐曲以维也纳古都风采的序奏旋律开场，中段为旋律较为缓慢的行板、B 大调、3/4 拍，以及徐缓的、具有咏叹调和间奏风格的圆舞曲，接下来，第一段旋律再现。整个复杂的过程，唯美的音乐旋律，在短短 3 分钟内淋漓尽致地表现出来。

《爱之忧伤》

它与《爱之欢乐》是一对"姊妹篇"，是承袭维也纳民谣风格的圆舞曲创作而成。此曲为 a 小调、3/4 拍子，略带烦恼及伤感。乐曲开篇是轻快的主旋律，接着是主旋律的变奏形式，中段旋律色彩明朗，然后经过变奏，再次回归至主旋律。

似乎每一个音乐家的作品中都包含着民间音乐的成分，这与他们对民间音乐的研究不可分割。此为1907年巴托克（左四）在一个小村庄收集斯洛伐克民歌。

巴托克

Bartók Béla 1881-1945

巴托克是20世纪现代音乐流——"表现主义乐派"的代表人物之一，被称为"表现主义音乐大师"。他是匈牙利最为重要的民族作曲家，匈牙利民族音乐的风骨在他的作品中表露无遗。

巴托克对民族音乐研究的精深已载誉国际，匈牙利民族音乐中特有的音乐成分，是他创作中永恒的主题。1906年，他与高大宜共同编纂完成《匈牙利民谣二十首》曲集，为匈牙利民族音乐的发展作出巨大贡献。巴托克认为"纯而不杂的民族音乐，是股丰沛之泉。"而他不过是比较幸运，认识到了这一点。

当巴托克以"民谣家"著称于世时，他却发出了这样的感慨，他说自己音乐生涯的主要部分并不都是"民谣音乐"，更希望人们将自己视为作曲家，而非"民谣家"。巴托克最主要的作品有《肖像》、《短小的乐曲》、第一号弦乐四重奏、独幕剧《蓝胡子公爵城堡》、童话芭蕾舞剧《木偶王子》以及芭蕾舞剧《奇异的满洲大人》。

遗憾的是，直到巴托克去世，他大部分作品的价值才被世人认可，但这丝毫不影响巴托克成为20世纪现代音乐的开拓者，并被列为20世纪最伟大的音乐家之一。

巴托克和儿子贝拉在一起

霍尔斯特
Gustav Holst
1874-1934

霍尔斯特画像

　　古斯塔夫·霍尔斯特生于一个有瑞典血统的英国家庭，1893年入英国伦敦皇家音乐学院学习钢琴、管风琴、作曲和长号，后成为现代最杰出的作曲家之一。

　　霍尔斯特是一个成绩卓著的作曲家，善于运用现代音乐表现手法。在他的作品中，民间音乐因素的比重很大，意境含蓄而深远。霍尔斯特受英国传统民歌和牧歌的影响很深，同时，宗教音乐及当时欧洲的新音乐在他的音乐中也有体现。此外，他还受到印度文学的影响，在某些作品中表现了东方特有的神秘色彩。

霍尔斯特作品《行星组曲》唱片封面。

　　1900年，霍尔斯特创作的《芭蕾组曲》获得巨大成功，但这并非他取得的最大成就。1916年，他完成了一生中最成功的、最有影响力的管弦乐组曲《行星组曲》，这部巨著共有七个乐章，分别以九大行星中的七个来命名，表现了宇宙中那种神奇莫测的境界。

　　霍尔斯特一直对中国和印度的星象学充满兴趣，这对他的音乐有很大影响，他的很多作品中都流露出了这种倾向。此外，霍尔斯特还创作了二十多首管弦乐作品和多部歌剧、舞剧其中著名的有歌剧《十足的傻瓜》、交响诗《埃格敦荒野》、管弦乐《圣保罗组曲》。

英国皇家音乐学院。1893年，十九岁的霍尔斯特考取了英国皇家音乐学院，学习钢琴和作曲，后因手指患神经炎而改学长号。

普罗科菲耶夫作品《彼得与狼》剧照。《彼得与狼》和圣·桑的《动物狂欢节》都是孩子们喜爱的音乐作品。

普罗科菲耶夫
Sergei Prokofiev 1891-1953

普罗科菲耶夫像

普罗科菲耶夫和现代音乐的积极倡导者贾季列夫的密切合作,是音乐史上一段佳话。这段合作对罗科菲耶夫有深远影响,促使他成为以复兴18世纪音乐风格为特点的,"新古典主义"乐派的代表人物。

普罗科菲耶夫是苏联作曲家、钢琴家,自幼学习音乐,5岁时就写出第一首钢琴小曲,6岁时创作了进行曲、圆舞曲和回旋曲各一首。14岁时,普罗科菲耶夫进入圣彼得堡音乐学院学习作曲和钢琴,并在毕业时以《降D大调第一钢琴协奏曲》一曲的出色演奏,获得安东鲁宾斯坦奖。

20世纪20年代,普罗科菲耶夫侨居国外,曾亲自指挥自己的作品演出,获得世界声誉。回国后,他的创作倾向偏向了爱国主义题材,常常以苏联现实生活中的人物为创作主体。他在苏联先后获得劳动红旗勋章、斯大林奖等无上的荣誉。

普罗科菲耶夫的作品充满活力、热情激昂、清晰而富有魅力,不仅具有鲜明的俄罗斯民族风格,时而还流露出18世纪古典音乐的风格,而那些大量被采用的不和谐音,又突出的表现出现代主义的倾向。在早期作品中,他的音乐语言清新而有活力,在继承古典传统的同时进行大胆革新;而到晚期,其作品风格则转为朴素、柔和,尤以《第七交响曲》最为典型。

普罗科菲耶夫的主要作品有《三个橘子的爱情》、《冬日的篝火》、《罗密欧与朱丽叶》、《保卫和平》,以及一些钢琴、小提琴的器乐作品。

交响童话《彼得与狼》是普罗柯菲耶夫的代表作品之一,于1936年5月2日在莫斯科的一次儿童音乐会上首次演出。出乎意料的是,作曲家生动活泼的构思和情节,以及颇具教育意义的朗诵词,不仅广泛吸引了儿童的注意力,同时被很多成年人所关注,轰动一时。世界各国艺术界一致认为,普罗科菲耶夫是20世纪最著名的作曲家之一。

普罗科菲耶夫和妻子莉娜

普罗科菲耶夫与大提琴家密兹拉夫·罗斯托普维克的合影。

作品赏析

《D大调第一交响曲》

罗柯菲耶夫的成名作是D大调第一交响曲(古典交响曲),创作于1917年,并于当年首演。这部作品之所以被称为古典交响曲,是因为采用古典音乐的传统技法,使用双管制乐队作为配器。是20世纪所谓"新古典主义"音乐的范例,曾被评为"现代人所住的古镇"。

阿伦·科普兰像

科普兰

Aaron Copland 1900-1990

有这样一位音乐家，他是名副其实的多面手，不仅从事作曲，还从事音乐教育；不仅写作音乐书籍，还广泛参与很多音乐社团的组织工作。他为美国现代音乐事业的发展，以及音乐的普及作出重要贡献，他的名字叫科普兰。

艾伦·科普兰是美国著名作曲家、指挥家、钢琴家，生于布鲁克林，父亲是犹太移民。科普兰从 13 岁开始学习钢琴，中学毕业后拜戈德马克为师，专门学习对位与和声。1921 年，身居巴黎的科普兰进入法国枫丹白露为美国人开设的音乐学院，跟从纳迪娅·布朗热学习作曲。当他 1924 年回到纽约时，已经在音乐方面颇有造诣，稍后开始在各院校任教。

回到纽约的第二年，科普兰的第一部作品《管风琴与乐队交响曲》面世，并于当年公演，可惜的是并没有得到评论界的认可。但这仅仅是开始，当科普兰其他作品陆续演出时，人们逐渐认识到原来的错误，并给予他应有的评价。科普兰早期的作品包含着爵士乐的因素，是对民族音乐风格的初步尝试。从 1935 年起，科普兰进入创作旺盛期，他

【电影音乐】

电影音乐出现于二十世纪，通常分为两大类：现实音乐、功能音乐，无论是哪一种音乐均是根据电影的题材和风格量身定做的。在听觉与视觉的交融中，体现影片中人物的内心世界，突出影片的矛盾冲突。电影音乐与电影结合越来越紧密，已经逐渐成为其不可分割的一部分。

创作了一系列以民间音乐为素材的作品，这使他获得另外一个身份——美国民族乐派的代表。

1938年之后，为了更接近喜爱音乐的普通民族，同时也因为受到新古典主义的影响，科普兰开始改变风格，朝着简明的方向发展。在创作生涯的晚期，他又尝试将十二音技法应用在作品中。1970年以后，科普兰终止创作，但他仍一如既往的关心着音乐事业的发展，并不时应邀讲课和指挥。1990年12月2日，这位才华横溢的音乐家在纽约塔里敦的一家医院走完了人生的旅程。

美丽的墨西哥海岸。科普兰对墨西哥情有独钟，他的《第三交响曲》就是在墨西哥开始创作的。

科普兰是美国最早将爵士音乐和拉美音乐运用到自己作品中的人之一，他一生致力于美国音乐的普及和发展，他的讲学、创作、社会活动也始终以此为目的。科普兰曾被多所大学授予荣誉博士的学位，比如普林斯顿大学、哈佛大学、布兰代斯大学；他还获得过许多荣誉，有纽约评论奖、奥斯卡金像奖、普利策奖。他一生有大量作品问世，主要有：弦乐幻想曲《墨西哥沙龙》；交响曲《管风琴交响曲》、《钢琴协奏曲》、《单簧管协奏曲》、《舞蹈交响曲》。

科普兰是美国作曲家中极具代表性的一位，他的经历印证了那个时代作曲家的成长历程。他是美国新音乐风格的拓荒者，他所获得的成就在美国作曲家中首屈一指，甚至被认为是美国第一位获得国际盛誉的作曲家。

MUSICMASTER 作品赏析 workappreciation

《钢琴奏鸣曲》

这首曲子创作于1939至1941年间，是20世纪一部重要的钢琴独奏作品。全曲采用典型的20世纪奏鸣曲的形式，共分为三个乐章，采用慢—快—慢的结构完成，每个乐章既单独存在又有紧密联系，第三乐章和第一乐章遥相呼应，达到和谐完美的境界。

20世纪三十年代的列宁格勒。列宁格勒原名圣彼得堡,由俄国沙皇彼得一世下令建造,是肖斯塔科维奇的故乡。1941年8月,希特勒以32个步兵师、4个摩托化师、4个坦克师和一个骑兵旅,还有6000门大炮、4500门迫击炮和1000多架飞机猛烈进攻列宁格勒。在纳粹的炮火下,肖斯塔科维奇完成了自己一生最伟大的作品《第七交响曲》(《列宁格勒交响曲》)。

肖斯塔科维奇

Shostakovitch 1906—1975

"如果有一天,我的双手被砍断,我还可以用牙齿咬住笔继续作曲。"俄罗斯作曲家肖斯塔科维奇如是说。他曾声称自己的交响曲是墓碑,是为极权屠刀下的千千万万死难者所树立的墓碑。

德米特里·德米特里耶维奇·肖斯塔科维奇出生于圣彼得堡,父亲是化学工程师,母亲是一位优秀的钢琴家。肖斯塔科维奇9岁开始学习钢琴,13岁进入列宁格勒音乐学院继续钢琴深造,师从尼古拉耶夫,后来又向施滕贝格学习作曲,在音乐方面表现出卓越的才能。1927年,他参加了在华沙举行的第一届肖邦国际钢琴比赛,并获得了奖状。

他把用音乐为祖国服务作为自己的宗旨,力求通过音乐反映现实生活的重大主题,并真实地表达自己的感受与态度,因此他的许多作品带有强烈的政治性和鲜明的时代特征。

从1925年到1940年的15年,是肖斯塔科维奇逐渐成熟的时期,他把俄国和西方现代音乐流派的艺术经验,广泛的运用到他的作品题材和艺术风格上，使自己的音乐主题以新的风格表现出来。50年代以后，肖斯塔科维奇的音乐语言不仅富有歌唱性，而且饱含民间音乐的因素。从70年代开始，他又倾向于人生哲理的题材，悲哀、孤独、死亡的主题在他的作品中大大增加了，音乐语言更加复杂化，音乐风格也有了新的发展。

纪念肖斯塔科维奇的邮票

肖斯塔科维奇音乐创作涉及各种音乐体裁，他强调音乐创作的思想性，主张用真实的、满怀激情的、鲜明的爱憎去反映生活。他善于运用音乐手段表达思想，常用以古调式为基础的旋律；他的和声样式多变，有时非常简单朴素，有时又异常复杂，富于刺激性；他扩展了复调技术，给赋格等古老复调形式注入了现代内容；他的配器着力于戏剧性的刻画，乐器的音色直接参与"剧情"的发展，是表现矛盾冲突的有力手段。他的交响套曲结构和各乐章之间的功能灵活多变，从不拘泥于一种形式。

肖斯塔科维奇一生创作了大量作品，主要有《森林之歌》、《易北河西岸》、《黄金时代》、《叶卡捷琳娜·伊兹梅洛娃》、《犹太民间诗歌选》。值得一提的是，他第七C大调《列宁格勒》交响曲，堪称世界音乐史上的一大传奇。作品写于德国军队包围列宁格勒的1941年，表达了在被围困的硝烟弥漫的几个月里，俄罗斯人民顽强地与法西斯搏斗的精神。肖斯特科维奇曾说："我要告诉全世界人民，我们依然活着，我们必将胜利！"，作曲家能在异常艰苦的环境，异常危难的历史时期写出这样的作品，就注定其不朽的历史地位。

1975年8月9日，肖斯塔科维奇在莫斯科逝世。很多人把肖斯塔科维奇比喻成"俄罗斯的贝多芬"，因为他们同样拥有坚毅的性格、勇敢的精神；有着同样的谦卑、隐忍和善良。

肖斯塔科维奇在1967年时的留影。1975年8月，肖斯塔科维奇病逝，人们称他为"俄罗斯的贝多芬"。

《列宁格勒交响曲》

此曲的标题是献给"列宁格勒"，肖斯特科维奇作于1941年，并获得当年"斯大林奖"的首奖。整首曲子共分四个乐章，第一乐章是稍快板，描绘的是战争之前人民安宁的生活，呈示出"人的主题"。第二乐章是稍快的中板，用悲哀的情绪回忆愉快的事情，表达了人生快乐的插曲。第三乐章是慢板至最缓板，主要表现"对自然美的敬爱之情"。第四乐章是不太快的快板转中板，由起初表现的"胜利就要来临"，最后回归到第一乐章的主题。

作品赏析 MUSICMASTER workappreciation

巴塞罗那巧克力博物馆的阿姆斯特朗像，夸张的表情让人忍俊不禁。

阿姆斯特朗
Louis Armstrong 1900-1971

阿姆斯特朗在1955年的留影。

路易斯·阿姆斯特朗是永恒的爵士乐之王，他的即兴演奏和歌唱对爵士乐的发展有深远影响，他大胆开创的艺术风格和高超的艺术造诣，给世界爵士乐界树立了一座很难逾越的丰碑，令后来者叹为观止。

阿姆斯特朗生于新奥尔良，13岁时因在新年庆祝活动中开枪而被捕，关进新奥尔良的"流浪者之家"。在那里，他成为"流浪儿之家"乐队的一员，职责是表演手鼓。就是在此期间，他的音乐潜质得以开发，并逐渐走上了音乐之路。

1922年，阿姆斯特朗在芝加哥制作了一部全是黑人的爵士唱片，引起轰动，从此成为乐坛中脱颖而出的新秀，并凭借出色的音乐才能得以在著名的 Fletcher Henderson 乐团演奏。1925年，他在芝加哥录了第一张由自己主奏的专辑，此后，他的乐团所录的演奏音乐，被认为是今日爵士乐的奠基性作品。

在仔细研究传统音乐创作手法的基础上，阿姆斯特朗不断创新，开创了独特的音乐风格。阿姆斯特朗拥有无与伦比的小号演奏技巧和富创新精神的演唱方式，他的想像力和创造力是爵士小号手的典范，

1928年,他灌制了音乐史上最有革命性的爵士小号篇章。此外,他还首创了拟声绝技,发展了乐器自由表演手法。通过他大胆的改革和实践,集体即兴技巧不再是爵士管号演奏的唯一方式,激昂、律动的个人即兴演奏同样能将其完美表现出来。

阿姆斯特朗十分重视与观众的交流,并且让听众愉快,这使他成为了一名具有喜剧色彩的表演大师。

路易斯·阿姆斯特朗的另外一个创新,是他在演唱中安排了即兴的"喊叫",这是爵士乐宣泄快感的一种方式,被后来很多乐手效仿,包括摇滚歌手。这种尽情挥洒的音乐表现手法,也是爵士乐年代留给后人的珍贵记忆之一。

阿姆斯特朗非凡的艺术造诣和伟大的人格魅力,让他深受后世音乐家们的敬仰。1999年,阿姆斯特朗与肯尼吉的合作成为音乐界广为流传的佳话。当时,肯尼吉录制新专辑,他通过先进技术手段,跨越时空与阿姆斯特朗合作演奏了经典的《what a wonderful world》(《多美好的世界》)。

阿姆斯特朗是爵士乐史上永恒的灵魂人物,作为天才的音乐家,他对爵士乐的作出的贡献无法估量。他的即兴演奏和歌唱能自由游弋于轻盈、深沉和严肃之间。几十年来,他的音乐一直无人可及,可以说,他不但是爵士乐的奠基人,更是永恒的爵士乐之王。在音乐史上,他崇高的声誉和所受到的尊敬,堪比古典音乐中的巴赫、摇滚音乐中的普莱斯利。

【R&B】

如今,R&B已经成了黑人流行音乐的代名词。集合多种音乐元素于一身的R&B,是布鲁斯和摇滚乐之间的一种关键的过渡音乐,同时还是布鲁斯和灵魂乐之间最重要的音乐分支。毫无疑问,R&B是摇滚乐的基础,而布鲁斯和爵士乐是R&B的一个重要组成部分。虽然随着社会的发展R&B音乐也在变化,但它依然保留了摇滚乐、灵魂乐和说唱乐中极其重要的部分,而且一如既往地在众多音乐风格中发挥着潜在的作用。

《多美好的世界》

《What A Wonderful World》(《多美好的世界》)是《早安,越南》的插曲,这部经典曲目流传十分广泛,在多张唱片里都有收录。阿姆斯特朗的音乐代表了典型的美国音乐风格,具有优美的旋律、细腻的感情和浓厚的爵士乐风格。

高大宜

Zoltan Kodaly 1882-1967

高大宜是匈牙利著名作曲家、音乐教育家、民族音乐收集家、语言学家和哲学家，生于匈牙利的卡斯卡梅特，卒于布达佩斯，终其一生都在为匈牙利的音乐教育事业奋斗。

来自家庭的影响是巨大的，高大宜的家庭对音乐有着特殊的热爱，这与他日后走上音乐的道路有直接关系。1892年，10岁的高大宜在文化古都纳吉松巴特开始学习音乐，从此与音乐结下不解之缘。1900年，他开始同时在布达佩斯大学和李斯特音乐学院上课，并先后获得了作曲、教学、哲学和语言学的学位。

在李斯特音乐学院，高大宜结识了音乐界的另一位重要人物巴托克。从1906年开始，两人开始合作在匈牙利、罗马尼亚等地采集民谣，并发表了共同的著作《匈牙利歌集》。1911年，两人又共同成立"新匈牙利音乐协会"，以推广和演出新作品。与此同时，高大宜逐渐认识到音乐教学上存在的问题，并于1913年发表《Memorundum》学术调查法，得到世人的认可，该著作后来成为匈牙利音乐学的基础。

高大宜最重要的成就是在音乐教学领域获得的，他认为音乐教育是人们与生俱来的权利，在生活中不可或缺，正如他所说的"音乐应该属于每一个人"。在教学方法上，他则注重相对高音、匈牙利五声音阶以及教材的作用，并使用了手语和节奏语言两种方法。这就是后来举世闻名的"高大宜教学法"，其主要目的在于提高普通民众的音乐能力，使其养成良好的音乐习惯。

"高大宜教学法"为匈牙利，乃至全世界的音乐教育事业产生深远影响，牛津大学、多伦多大学、布达佩斯大学等多所院校都颁发给他博士学位。1975年，"国际高大宜协会"在布达佩斯成立，奠定了他在音乐史上的不朽地位。

高大宜像

高大宜的故乡凯奇凯梅特，位于匈牙利中部，是巴奇·基什孔州的首府，也是全国第八大城市。1882年，高大宜就出生在这里。

魏尔作品《三分钱歌剧》（1928）的唱片封面

魏尔

Kurt Weill 1900—1950

1928年，一部名为《三分钱歌剧》的歌剧在德国上演，获得极大成功，从这时起，该曲目的作者库尔特·魏尔才被人们真正认识。

魏尔出生在德国一个犹太家庭，曾就读于柏林音乐大学，先后随洪佩尔丁克和布索尼学习音乐，受勋伯格影响很大，在他早期创作的管弦乐中可以明显感觉到这种气息。他适合写戏剧性的作品，在协调作曲方面他更注重与听众的沟通。他在早期作品中，将浪漫主义音乐和流行歌曲融合在一起，到创作后期，则更多的采用了当代音乐喜剧的语言。

他有很多以揭露社会黑暗为体裁的作品，在以爵士乐为基础的伴奏下，缠绵悱恻的旋律感人至深，表达了强烈的社会良知。在魏尔大肆揭露和批判社会黑暗的作品中，《三分钟歌剧》和《罗马冈尼城的兴亡》是其中的代表作。

然而，他的举动引起了纳粹的不满，为了躲避纳粹迫害，他不得不逃离德国，于1933年定居美国。在那里，魏尔完成了自己的成名作《七大罪孽》。

库尔特·魏尔摄于移居美国之后。

凯奇
John Cage 1912-1997

约翰·凯奇是美国著名实验音乐作曲家、作家、视觉艺术家。他出生于洛杉矶,早年学习绘画,后跟随勋伯格学习作曲。

为了改变不合理的音乐结构,他将音乐结构建立在时间长度之上;他还通过打击乐,创作了新的音响组合;他在钢琴的弦中间加入一些诸如钉子、橡皮、甚至是罐头盒之类的东西,出人意料的使钢琴发出类似打击乐的音色,获得了特殊的音乐效果,其中最富代表性的作品是《奏鸣曲与前奏曲》。

20世纪40年代之后,印度的佛教和中国的《易经》,对凯奇产生重大影响。他认为音乐的主旨不在于演奏,而在于聆听,并把音乐想像成"无目的的游戏",不需要任何的秩序,他的这一观点在作品《4分33秒》中表现出来。进入50年代,凯奇转向了偶然音乐,他甚至以投掷钱币的方式来决定音乐的内容,用图表形式进行创作,代表作有《变化的音乐》和《威廉混合》。从60年代末到90年代,凯奇的创作风格又回归于传统,这一时期的作品中又出现了乐谱和音高,代表作是《廉价模仿》。

在作曲之外,凯奇还是一位作家,他出版了很多专著和谈话录,其中包括《关于无的演讲》、《从星期一开始的一年》等等。

凯奇还是一个狂热的蘑菇收集者,并加入了纽约霉菌学会。

【节奏布鲁斯】

20世纪40年代左右,鲁斯音乐在城市布鲁斯的基础上结合了摇摆乐的特点,声音变得更有力,节奏变得更强劲,形成节奏布鲁斯。节奏布鲁斯保留了黑人音乐即兴演奏的传统。70年代,与福音歌的结合使节奏布鲁斯的发展步伐加快。80年代以后,融进了更多流行音乐成分的节奏布鲁斯变得愈加商业化。

节奏布鲁斯是当今乐坛备受欢迎的音乐之一,还是摇滚乐的重要来源之一,早期的摇滚乐大部分是节奏布鲁斯的"翻唱版"。

布里顿因歌剧《彼得·格兰姆斯》获得国际声誉。

布里顿
Benjamin Britten 1913—1976

大凡能成就一番事业的人，无不付出艰辛的努力，音乐家们更是如此。在世界音乐史上，很少有音乐家不是从小学习音乐的，英国著名作曲家布里顿也是如此。他出生在萨福克郡洛斯托夫特，从小跟随母亲学习钢琴，17岁时进入伦敦皇家音乐学院学习钢琴和作曲。

4年后，布里顿辍学，虽然他并没有完成学业，但这并不影响他在音乐上作出一番成就。他刚开始为剧院和制片厂创作戏剧和电影音乐，直到1939年到美国之后，才真正开始指挥家和钢琴演奏家的生涯。布里顿的音乐风格多样，他以传统音乐为基础，吸取民歌、古典音乐的素材，采用现代多种作曲技巧进行创作，从不拘泥于某种流派和技巧。

为布里顿赢得国际声誉的是他的歌剧《彼得·格兰姆斯》，除此之外，他还有很多优秀作品，比如变奏赋格曲《小交响曲》、《春天交响曲》、《大提琴交响曲》；歌剧《彼得·布尼安》；合唱与乐队《战争安魂曲》。

1976年12月4日，曾获得"荣誉之友"称号、阿斯本音乐奖，并被授予男爵爵位的布里顿在奥尔德堡逝世，西方音乐史上又陨落了一颗灿烂的明星。

【赋格曲】

赋格曲是用赋格手法写成的单独的曲子，是复调乐曲的一种形式，形成于十七世纪。其根据主题的多少可以分为单赋格曲、二重赋格曲、三重赋格曲等。无论是那一种类型的赋格曲，均由呈现部和发展部组成。

赋格曲直到巴赫出现才有了长足的发展，这一时期的赋格曲主题更加个性化，内容更加丰富，和声手法也得到更大的展现空间。

华沙街景。谢林出生于华沙，在肖邦的诞生地拉左瓦·沃拉长大。

亨里克·谢林

Henryk Szeryng 1918-

世界著名小提琴家亨利克·谢林被誉为"古典的心灵"，原因在于他对巴赫的无伴奏小提琴奏鸣曲造诣很深，并被冠以"权威"的称号。

谢林是墨西哥籍波兰人，难以相信的是，他刚开始的主业并不是小提琴，而是钢琴。他从5岁开始学习钢琴，后来渐渐对小提琴萌生了兴趣，并接受了正统的欧洲音乐教育。谢林颇有音乐天赋，15岁时就举办了独奏音乐会，并开始在世界各地巡回演出。

1946年，第一次到墨西哥演出的谢林，被北美灿烂的阳光深深吸引，于是决定加入墨西哥国籍，永远定居在这里。而他的演奏巅峰时期，也是在这里开始的。二战期间，谢林不仅参演了300多场为盟军举办的音乐会，还积极录音，并因录音品质极佳，得到很多听众的喜爱，还曾在墨西哥大学音乐系任教。

谢林是真正能优雅地歌唱的演奏家之一，他的演奏典雅而富有意境，同时又不乏深刻的内涵。对巴赫作品的完美演绎是谢林音乐道路上的丰碑，通过他的演奏，严谨而素朴的巴洛克音乐得以重现。谢林把巴赫带出了原有的文化范围，引到一种全新的境界。他以非凡的气势、优美的演奏获得"太阳神阿波罗式的演奏"的称号。

【班卓琴】

班卓琴是弦乐器的一种，也称为五弦琴，琴身圆形，琴颈很长，背面有木质的音梁。班卓琴经常出现在拉格泰姆音乐、蓝草音乐以及传统的爵士乐之中。

布莱兹
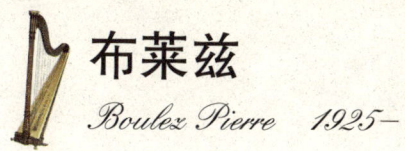
Boulez Pierre 1925-

1925年3月26日，一个新生儿在法国蒙布里松降生，当时，人们并没有预见他能成就多大的事业，但多年后，人们看到他成为举世瞩目的作曲家、指挥家和音乐理论家，此人就是布莱兹。

布莱兹早年曾在圣艾蒂安天主学校学习钢琴，并积累了深厚的音乐理论知识。17岁时，布莱兹进入巴黎音乐学院学习和声，与此同时，他还在校外学习了对位法和十二音技法。1946年，布莱兹到一家演出公司任音乐指导，并开始从事作曲。布莱兹的指挥生涯是辉煌的，曾先后指挥当时著名的纽约爱乐乐团、英国广播公司交响乐团等，将20世纪的现代音乐介绍给听众。

在创作方面，布莱兹是全面序列音乐的鼓吹者，不仅如此，他还发展了点描序列原则。他不喜欢急躁的节奏，讲究严格的技巧和规则，于是他为音乐的节奏、音色、力度等要素都制订了组织化的规则。50年代以后，他常常把具体音乐、电声音乐、音乐电脑相结合，创造出新结构的作品。

作为指挥家，布莱兹有自己鲜明的个性。他的指挥从来都是清晰、冷静的，手势精确而简洁。他将所有指挥过的作品都重新做了诠释，以让这些作品更接近时代，他一生曾指挥过很多著名乐团。

布莱兹是现代音乐先锋派最著名的代表人物之一，一生创作了大量作品，具有代表性的有声乐和室内重奏乐《无主的锤子》；女高音和管弦乐曲《重重皱褶》；钢琴曲《结构Ⅰ》、《结构Ⅱ》；带电子音响的《力量之诗》。

【管弦乐】

管弦乐曲，是指除协奏曲、交响乐之外的，由管弦乐队演奏的其他类型的作品。管弦乐队是由弦乐、木管、铜管、打击乐等组成的。规模较大的器乐演奏团体称为管弦乐团，到近代亦称为交响乐团。

布莱兹和著名现代指挥家诺姆·伦在一起。作为音乐理论家的布莱兹，在音乐史上的重要性不亚于以指挥身份出现的布莱兹，很多后起的音乐新秀得到了布莱兹的提携和指导。

正在指挥的彭德雷茨基。他的作品当中有很多现代音乐"嘈杂"的技法，能带给听者剧烈的冲击感。

彭德雷茨基
Krzysztof Penderecki（1933—）

克里斯托夫·彭德雷茨基是波兰著名作曲家、指挥家，第二次世界大战之后最为活跃的音乐家，20世界50年代之后最具创造性和影响力的，新音乐作曲家中的代表人物。他的名誉和声望在当代音乐家中屈指可数。

1933年，彭德雷茨基出生在波兰东南部的小镇德比卡，是一位律师的儿子。他早年曾学习小提琴，后进入克拉科夫音乐学院学习，但在此之前他就已经开始作曲。彭德雷茨基真正被音乐界认可是在 1959 年，当时，他以匿名的方式参加了波兰作曲家协会举办的华沙比赛，令人惊奇的是，他提交的《大卫赞美诗》、《放射》、《分节歌》三部作品均获大奖，震惊整个音乐界。

圣彼得堡音乐学院，众多音乐家曾在此就读。

与此同时，从彭德雷茨基参赛的三部作品中，已经可以看出都属于他的音乐风格，其中《大卫赞美诗》最为明显，后来的"彭德雷茨基风格"中的"声音条带"已经初具雏形。这三部获奖作品让彭德雷茨基走上真正的实验音乐阶段的创作，从此打开了当代音乐新音响的大门。

在 20 世纪 60 年代，彭德雷茨基的创作与当下盛行的序列音乐相悖而行，被称为"音色音乐"或"音型音乐"。他在这一时期创作的作品有《安纳克拉西斯》、《荧光》、《圣母悼歌》等。值得一提的是，而他的第一部大型无伴奏合唱作品《圣卢克受难曲》也是此时完成。这部作品显示了彭德雷茨基将杰出的创作技巧与强烈的情感表达完美的结合，解决了困惑他的音乐风格问题，同时为未来的创作找到了出路。

广为流传的《广岛受难者的挽歌》，是彭德雷茨基为纪念二战的死难者创作的，乐曲中应用的 52 件弦乐器被分为几十个声部，运用了各种发声方法，制造出震撼、逼真的场景感，把炸弹爆炸瞬间演绎的如临其境。

彭德雷茨基仅创作过两首小提琴协奏曲，第一小提琴协奏曲《变形》写于 1976 年，第二小提琴协奏曲写于 1995 年，是专为小提琴家穆特而作。1988 年他与穆特合作演出普罗科菲耶夫的《第一小提琴协奏曲》，从穆特崇高的艺术表现中获得灵感，创作了第二小提琴协奏曲。该乐曲 1995 年在莱比锡首演时，获得巨大成功，成为当年音乐生活中的一个热点。

1996 年春，彭德雷茨基完成了他最具影响力的作品《耶路撒冷的七扇大门》。在这部作品中，彭德雷茨基启用了史无前例的庞大演出集团，其中包括 5 名独唱、一名朗诵者以及三个合唱团。1997 年 1 月 9 日，《耶路撒冷的七扇大门》由耶路撒冷交响乐团与巴伐利亚广播交响乐团共同演奏，获得极大轰动。2 个月后，此曲举行欧洲首演，几天后又在华沙最大的"万圣教堂"上演。

作为二战以后最著名的作曲家之一，彭德雷茨不仅为自己，更为自己的祖国波兰争得无上的殊荣。

【摇滚乐】

1955 年 7 月，比尔·哈利演唱的《昼夜摇滚》在波普排行榜上获得第一名，这标志着摇滚时代的到来，他也成了青少年崇拜的第一个摇滚乐偶像。从此，摇滚乐开始风靡美国。摇滚乐分为：重金属、另类金属、蓝调摇滚、朋克、独立摇滚、工业金属、后车库、山地摇滚、前卫金属等。

印象主义乐派和表现主义乐派

牧师罗伯特·沃克滑冰图
亨利·雷伯恩
1756-1823

雨
霍华德·霍德金
1932年生于英格兰

婚礼
费尔南·莱热
1881-1955

从19世纪末到20世纪初期，是音乐史上的"近代音乐"时期。这一时期，音乐风格发生巨大变化，开始由浪漫主义音乐向20世纪现代音乐过渡，而实现这种过渡的无疑是新生的各种音乐流派，印象主义乐派和表现主义乐派都位列其中。

"印象主义"是19世纪末在法国巴黎萌生的一种艺术风格，从法国画家莫奈的风景画《印象：日出》而来。"印象主义音乐"是受"象征主义文学"和"印象主义绘画"影响而产生音乐流派，与浪漫主义音乐有很大区别。印象主义音乐与以往音乐的不同之处在于，它不再以描述具体事物为目的，而是注重渲染事物给人们的感受和印象，营造一种朦胧的、神秘的、若隐若现的氛围。印象主义音乐这种超现实的、完全抽象的色彩，被认为是西方音乐史上浪漫主义与20世纪"现代派"音乐之间的纽带。

法国作曲家德彪西是印象派音乐的奠基人，他的交响组曲《春天》在1887年被指责为"模糊的印象主义"，但到1894年他的《弦乐四重奏》首演时，人们开始"印象主义"对其表示褒扬。印象主义从此用来表示德彪西和与他风格接近的音乐作品。

从整体上来看，印象主义音乐的形式多短小、不规则；节奏上常常用复节拍或复节奏；扩大了调性的概念，强调调式的表现力；和声色彩更加丰富，并成为最重要的表现手段之一；多种乐器演奏法的手段被应用，使曲目的音色独特而新颖。虽然可以从很多印象派的作品中看到三部曲式的轮廓，但是因印象乐派崇尚自由的影响，绝大多数印象派音乐的结构都比较松散和模糊。即便如此，印象主义音乐的风格和手法却影响了整个西方音乐世界，其重要性被越来越多的人所承认。

作为印象主义音乐的集大成者，德彪西为印象主义音乐的发展作出了不可磨灭的贡献。他采用"全音阶"和"半音"，建造了一种一时难以被人们接受的古怪音乐，同时，他还在利用不同乐器的组合，制造一种柔和但却闪烁的音响效果。他的创作刚开始被人们认为是"非尘世"的作品，但随着时间的推移，鉴赏能力的提高，听众在德彪西的音乐中感受到了奇妙无穷的乐趣。

在印象主义乐派中能与德彪西相提并论的，恐怕只有拉威尔了，他在从管弦乐队里抽取音色的深浅明暗度方面的能力无人能及，代表性的作品有《波莱罗舞曲》。除德彪西和拉威尔之外，法国的杜卡、英国的德留斯和司各特、德国的雷格、意大利的雷斯庇基也都是印象派音乐的代表人物。

像众多音乐流派一样，印象主义乐派也有很大的国际影响力，尽管它存在的时间很短暂，但是20世纪的很多音乐流派，像"表现主义"、"序列音乐"、"十二音体系"等都或多或少地受到它的影响。

表现主义乐派是在印象主义乐派之后产生的音乐流派之一，是现代音乐的第一个流派。与印象主义一样，"表现主义"一词也是从绘画领域借用过来的，第一次世界大战之前在德国十分盛行。表现主义音乐以音乐巨匠勋伯格和他的两个学生贝尔格、韦伯恩为代表，是与印象乐派的思想和创作技巧相悖的音乐流派，他们又被称为"新维也纳乐派"。

热带风暴中的老虎
亨利·卢梭生于法国
1844-1910

表现主义乐派追求形式上的绝对自由，重视表达主观感受，营造一种怪异的气氛，该乐派创造的人物往往处于紧张、焦虑和恐惧中。他们主张在音乐中表现人类的思想本质和内心世界，正如勋伯格所说："我们的心灵才是客观世界的真实反映。"因此，他们在将自己内心的痛苦、绝望、孤寂以及疯狂都在音乐作品中充分表现出来。表现乐派的作曲家们完全抛弃了过去的传统和规则，无视浪漫乐派追求庞大、夸张的形式，转而以自由的、新颖的、精致而淳朴的小编制形式表现出来，音乐力求简洁、明快和强烈。

勋伯格是表现主义乐派最重要的代表人物之一，他创作了很多经典的表现主义作品，像早期的单人剧《期待》，据说观众看完该剧的感觉无异于从一场噩梦中醒来。勋伯格对表现主义音乐最重要的贡献是创造12音作曲法，该法脱离了传统调性音乐的组织方法，可以产生不同形式的变化，对20世纪后半期的欧洲音乐产生重大影响，被很多国家的作曲家采用。体现勋伯格这一手法的代表性作品是《钢琴组曲》、《乐队变奏曲》。

散步
奥古斯特·马克
1887-1914

在勋伯格之后，贝尔格和韦伯恩将表现主义音乐发展到极致。贝尔格将古典曲式、无调性音乐和12音音乐等多种音乐手法完美结合，创作了很多优秀作品，作为表现主义代表作的是歌剧《沃采克》和《露露》等。韦伯恩的成就不仅在于将12音作曲法表现的更加纯熟和彻底，更在于将此作曲法进一步发展成为"序列音乐"，之后又与其他作曲家一起，将"序列"扩大到与旋律、节奏、力度、音色结合，终至"整体序列"产生。韦伯恩的代表作品是《钢琴变奏曲》、《六小曲》。

尽管表现主义乐派的生命力并不强，在20世纪20年代中期就开始衰亡，至30年代已经几乎消失殆尽。但是其影响力却是强大的，不仅影响了欧洲，体现其特点的12音作曲法甚至被很多亚洲国家采用，表现了经久不衰的强劲生命力。表现主义乐派对西方音乐史，乃至对世界音乐史都产生了深远的影响。

虎
弗朗兹·马克
1880-1916

绘画《春》，意大利文艺复兴时期著名画家波提切利作品，德彪西创作管弦乐《春天》的灵感即来源于此，这首曲子在1884年获得罗马大奖第四名。

德彪西

Debussy Debussy
1862-1918

克洛德·阿希尔·德彪西是19世纪末印象主义音乐大师，他善于捕捉瞬间的印象和感受，在他执著于音乐理想的55年岁月里，已经成为令后人膜拜的永恒的身影。

德彪西是法国作曲家、钢琴家和音乐评论家，出生在巴黎近郊一个小资产者家庭，父亲是一个店主。因为家境贫寒，父亲一度希望儿子将来做水手，可是德彪西却从小热爱音乐，并显露出显著的音乐才能。后来，一次偶然的机会，德彪西被肖邦的女学生发现，受其指导，开始了自己的音乐生涯。

1873年近入巴黎音乐学院后，德彪西显露出与众不同的气质。虽然他获得多项殊荣，包括罗马奖，但他依然坚持自己的追求和音乐理想。他这一时期的作品充满浪漫气息，如《曼陀林》、《木偶》，均反映出他对独特的音乐语言的探索。在学习音乐的过程中，德彪西始终尝试打破陈规、探索新领域，显露出了独到的创新精神。

德彪西的音乐风格成熟于90年代，他注重自然景物和风土人情类的音乐题材，强调主观感受和直觉印象；擅长用丰富多彩的和声，细腻明朗的配器。德彪西的音乐风格和追求，与印象派绘画的宗旨不谋

德彪西像

而合，他的音乐因此被称为印象主义音乐。

1890年后，德彪西结识了象征派诗人马拉美，之后又认识了许多象征派的诗人，在与他们的讨论中，全新的艺术观点和思想深深地影响着德彪西。这时，他的音乐已开始带有"印象主义"色彩，就此进入他创作的成熟和繁荣时期。他的许多作品常取材于诗、画以及自然景物，而着意于表现其感觉世界中的主观印象。

与别人不同的是，德彪西的音乐完全没有半音，并且大胆地敲响了那些潜在的泛音，于是他的音乐表现为旋律简短，结构松散，和声色彩丰富，配器新颖，力度层次渐变。他创造了一种模糊、圆润、清幽、典雅的音乐音响。

德彪西的作品极丰富，包括管弦乐曲《儿童园地》、《牧神午后前奏曲》、《贝加莫组曲》、《白与黑》、《版画》、《中选的小姐》、《圣塞巴斯蒂安之殉难》、《圣塞巴斯蒂安之殉难》。

他的创作不仅总结了前一代欧洲音乐的成果，还为音乐开辟了新的时代道路，是连接两个世纪的重要桥梁之一。他具有开拓意义的创作，使他在20世纪的法国音乐文化中占有一席之地。

德彪西的音乐之所以对20世纪现代音乐起到直接影响，是因为他那独特的"印象主义"风格。印象主义音乐是继承"象征主义文学"和"印象主义绘画"的传统，产生于19世纪末的音乐流派之一。作为一种艺术流派，它直接表达艺术家瞬息间的印象、主观的感觉，以及新鲜而又直接的生活。因为它注重图画给我们的感觉或印象，所以渲染出神秘朦胧、若隐若现的气氛和色调。

1912年5月，俄国著名舞蹈家尼任斯基和其胞妹在巴黎表演芭蕾舞，该舞蹈是由德彪西的管弦名作《牧神午后前奏曲》改编而成。

MUSICMASTER 作品赏析 work appreciation

《牧神午后前奏曲》

这部作品是根据马拉美《牧神午后》这首诗创作的，被称为"德彪西的第一颗管弦乐定时炸弹"，是德彪西的第一部具有印象主义的作品，充满了梦幻色彩。

乐曲的开始部分，用长笛吹出的旋律表现了牧神所吹奏的变化多端而懒洋洋的曲调，之后很快又融入圆号与木管声暖暖的声音之中，以及一串淙淙流水般的竖琴声中。整个音乐使人感到波光荡漾，阳光温暖而明媚，微风拂面，牧神渐入梦乡，梦境消逝在稀薄的空气之中。

《意象集》（第二集）（钢琴曲）

《意象集》第二集创作于1907年，全曲由三首作品组成：《叶林钟声》、《月落古利》和《金鱼》。这些以三行谱表来记谱的作品，结构上为自由变奏曲式，体现了德彪西对各忡乐曲结构、各种声部织体与和声配合的熟练。

拉威尔

Maurice Ravel 1875-1937

【奏鸣曲】

奏鸣曲是一种多乐章的器乐套曲，也称"奏鸣曲套曲"。由三四个乐章构成，有的用一件乐器独奏，有的乐器与钢琴合奏。其中各乐章都有一定的特点和曲式结构。

斯特拉文斯基曾戏谑地称拉威尔是一位"精巧的瑞士钟表匠"，因为这位伟大的音乐家毕生都在追求技术的尽善尽美，对每一部作品都要反复推敲、精心雕琢，不到极端完美决不罢休。莫里斯·拉威尔是法国著名作曲家、印象派作曲家中最杰出的代表之一。

1875年3月7日，拉威尔出生在法国南部靠近西班牙的小城西布勒，父亲是工程师，母亲带有西班牙血统。他14岁时进入巴黎音乐学院系统学习，早年一度追求标新立异的音乐。受德彪西的影响，他把印象派作曲手法引入创作中，使作品节奏明快，但到后期，他的音乐语言又倾向于明确性。为了丰富自己音乐的表现力，拉威尔还吸取了西班牙的民族音乐，形成了所谓"法国新古典乐派"。

莫扎特的音乐始终是拉威尔的最爱。拉威尔的座右铭是："完全崇尚简单，学习莫扎特的一切"、"深奥，但不繁复"。他量少而质精的作品正是这则座右铭的真实写照。

拉威尔曾说："严格地说，我不是一个'现代作曲家'，因为我的音乐远不是一场'革命'，而只是一种'进化'。虽然我对音乐中的新思潮一向是虚怀若谷、乐于接受的(我的一首小提琴奏鸣曲中就有一个布鲁斯乐章)，但我从未企图摒弃已为人们公认的和声作曲规则。相

1928年，正在演奏的拉威尔和后辈的音乐家合影，站立在后排最右边的是后来蜚声世界的格什温。

反，我经常广泛地从一些大师身上吸取灵感(我从未终止过对莫扎特的研究)，我的音乐大部分建立在过去时代的传统上，并且是它的一个自

巴第斯特·卡尔波的《杜勒利宫的化装舞会》，拉威尔的很多乐曲，都会让听众进入了欢快的舞蹈气氛。

然的结果。我可不是一个擅长于写那种过激的和声与乱七八糟的对位的'现代作曲家'，因为我从来不是任何一种作曲风格的奴隶。我也从未与任何特定的乐派结盟。"

拉威尔赋予音乐丰富的色彩，对于音乐的描述性，他并不注重事物的外部，而是关注事物的本质和浓郁的色彩，并认为真正的诗不能是长篇大论，而是在于真正的感情。他还创造了一种独特的管弦乐配器的方法，充分发挥每个乐器的表现性能。他的作品结构明确，条理清晰，总的风格具有古典音乐的纯净优美并富于幽默感。

他的代表作品有舞剧《波莱罗》、《达芙妮与克罗埃》，影剧钢琴作品《水的游戏》、《鹅妈妈》、《左手钢琴协奏曲》，管弦乐《悼念公主帕凡舞》。

19世纪末到20世纪初，社会环境日益复杂，为了逃避现实，拉威尔的作品题材变得比较狭窄，内容多是对景物的描绘和表现童话、传说故事等，缺乏对生活炽热的感情。

1932年，57岁的拉威尔不幸遭遇车祸，胸部及头部受伤。之后，他的健康逐渐恶化，于1937年12月28日去世，享年62岁。

MUSICMASTER 作品赏析 workappreciation

《鹅妈妈》

《鹅妈妈》是一部为儿童创作的，供儿童演奏的钢琴四手联弹组曲，内容取材于法国作家贝洛、奥努瓦夫人和博蒙夫人的童话。拉威尔说："我写这部组曲，目的是要唤起童年时代的诗意，因此手法就必须单纯，一切表面的效果只好摒弃不用。"

在上世纪五六十年代，由于和平环境和科学技术新的发展，社会新思潮大量涌现，在音乐上出现了许多新的流派和新的风格，形成了被称为先锋派音乐的潮流。由于对电子音乐的关注，使得斯托克豪斯成为这一流派的代表人物。

 ## 斯托克豪斯
Karlheinz Stockhausen 1928-2007

像很多音乐家一样，德国音乐家卡尔海因兹·斯托克豪斯也拥有多个身份，他是作曲家、钢琴家、指挥家以及音乐学家，但令他闻名遐迩的是他创作的新电子音乐。

早期，斯托克豪斯以创作序列音乐为主，但是他并不拘泥于传统，而是将十二音重新排列，创作出新的音乐形式。50年代之后，他开始沉迷于电子音乐的创作，并把人声作为音响材料，应用到电子音乐中，打破了纯自然的音乐合成。

与此同时，偶然音乐也被斯托克豪斯纳入自己的音乐范畴。他还创造了空间音乐，即让三个乐队同时演奏，根据不同的速度相呼应和，观众坐在中间，形成立体效果。70年代之后，他又主张打破音乐界限，认为应该把世界上各种风格的音乐融为一体，创作出全世界人都能接受并喜欢的新音乐，即世界音乐。

斯托克豪斯一生创作了大量作品，主要有《交叉演奏》、《电子音乐练习曲》、《接触》、《群》、《方形》、《赞美歌》、《遥感音乐》、《颂歌》。

【拉格泰姆】

拉格泰姆是美国流行音乐形式之一，产生于1900年左右。拉格泰姆，意为令人发笑的拍子，它不注重旋律、情绪欢快，是一种别具一格的钢琴音乐。这种音乐形式比较简单，通常是较慢的2/4拍节奏，曲式多半采用小步舞曲。S·乔普林被称为拉格泰姆之王。

雷斯庇基
Ottorino Respighi 1879-1936

奥托里诺·雷斯庇基是意大利音乐史上杰出的作曲家之一，有"配乐大师"的称号。同时，他又因巧妙地将传统音乐和现代技巧结合成一体，而被认为是一位新古典主义作曲家。

1879年7月9日，雷斯庇基出生在意大利的博洛尼亚，12岁开始学习小提琴，19岁时学习作曲。他先后拜里姆斯基·科萨科夫、布鲁赫为师，于1913年进入罗马圣西西莉亚音乐学院担任教授，并开始从事创作。10年后，雷斯庇基升任圣西西莉亚音乐学院的校长，但他为了有更多的时间创作，在任职仅仅两年后就辞职了。

雷斯庇基擅长抒情，他的很多作品都洋溢着浓郁感情。雷斯庇基最著名的是三部交响诗《罗马的喷泉》、《罗马的松树》和《罗马的节日》，既有浪漫主义色彩，又不乏罗马风情。此外，他还著有管弦乐、室内乐、钢琴曲，以及歌剧。

1936年4月18日，这位音乐史上伟大的作曲家在罗马去世。

【蓝草音乐】

蓝草音乐是乡村音乐的一种，兴起于20世纪40年代的肯塔基州山区。它既完好地保存了乡村音乐的纯净性，又形成自己独特的风格。蓝草音乐给人的感觉是精致的、原汁原味的。它也在随着时代发展，不同的时期蓝草音乐也被重新诠释和演绎。

罗马城里的雕像。雷斯庇基的主要作品都与罗马这一文化名城有关。

图为巴黎音乐学院。1906年,瓦雷兹由巴黎圣歌学院转入巴黎音乐学院学习。

瓦雷兹
Varese Edgard 1883-1965

瓦雷兹像

1965年11月6日,音乐史上一位伟大的作曲家在他的故乡巴黎去世,他给世界留下很多优秀的作品,为现代音乐事业的发展作出了巨大贡献。他就是生于巴黎的美籍作曲家——瓦雷兹。

瓦雷兹于1883年出生在巴黎,曾在巴黎圣歌学院就读,师从鲁塞尔、丹第和博德斯等人。在前辈音乐家中,德彪西、斯特拉文斯基和勋伯格对他的影响较深。1921年,瓦雷兹发起组织成立了国际作曲家协会,致力于现代音乐事业的发展。

瓦雷兹对新的音响实验十分感兴趣,尤其是打击乐。他成功地将"噪音"和电子设备引进音乐的范畴,在他的作品中,节奏、音色、强度、频率等都颇具特色。此外,瓦雷兹的配器也十分精致,他常常将钢琴、颤音琴、钟琴及高音打击乐与管乐器一起使用,达到一种很好的音乐效果。

瓦雷兹的作品几乎无一例外的启用了打击乐,主要作品有《阿美利加》、《奥秘》、《超棱镜》、《积分》、《赤道仪》、《沙漠》、《电离》。由于瓦雷兹突破了传统乐音体系及西方管弦乐器的限制,被认为是20世纪最早的先锋乐派的音乐家之一。

【轻音乐】

轻音乐不同于协奏曲等大型艺术形式,它通俗、轻巧、玲珑剔透,更大众化,在普通人群中极为流行。它的种类也很繁多,包括生活歌曲、抒情歌曲、诙谐歌曲、小夜曲等。轻音乐以优美的旋律取胜,无论创作中运用多少手法,最终都要回归这个准则,所以无论是那一种形式的轻音乐都有共同的风格,即旋律优美、节奏轻快鲜明,曲调悠扬。

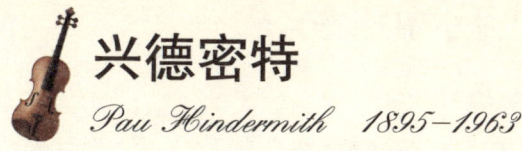

兴德密特
Pau Hindermith 1895-1963

兴德密特是德国最重要的作曲家之一,与其他作曲家不同的是,他早期是以一个中提琴和小提琴演奏家的身份而闻名的,后来才逐渐转入创作。

然而,兴德密特却在作曲方面表现了后来者居上的气势,他将巴赫的复调法与20世纪的和声、节奏、旋律融为一体,创造了高超精致的对位技巧与和声体系,丰富了音乐的表现形式。

兴德密特的歌剧强调器乐形式主导戏剧情节,强调戏剧与音乐的密切关系。他前期的作品反对浪漫主义情感的夸张表现,具有明显的新古典主义音乐的倾向,具有明显的调性、清晰的线条对位,没有掺入主观情感因素,以婉转抒情的风格见长。第一次世界大战之后,兴德密特主张复兴德国古典音乐的传统,追求庄严、均衡、和谐、宁静的艺术特色。

兴德密特的主要作品有:歌剧《谋杀,女人的希望》、《乐队协奏曲》;钢琴组曲《1922》、《卡地亚克》、《画家马蒂斯》、《最尊贵的显圣》、《天鹅转子》、《葬礼音乐》、《四种气质》、《宁静交响曲》、《当丁香花最后在庭院开放的时候》。

【对位法】

音乐创作中使两条或者更多条相互独立的旋律同时发声的技术就是对位法。它是音乐史上最古老的创作技巧之一,是尼德兰的僧侣克巴尔德发明的,经过不断改进和复杂化,到16世纪达到全盛期。

对位与和声的特点刚好相反,和声追求的是纵向的发展,对位追求的是横向的发展,各个声部有自己的特点又和谐统一。对位法采用模仿和对比两种方法,在赋格和卡农两种音乐形式里常应用对位法,尤其赋格是用模仿的方法创作的最高级形式。

婚礼舞蹈
彼得·勃鲁盖尔作

导读：交响乐和指挥家

维也纳金色大厅

1827年3月16日，当"伟大的乐圣"贝多芬在音乐之都维也纳临终的那一刻，突然风雨交加，电闪雷鸣，仿佛在表达着人们对这个生命不息、战斗不止的伟人离世的无比哀痛和惋惜。不屈的贝多芬，顽强地举起他那干枯的手臂向天空作最后的奋击，一个永恒的画面，一个永远的贝多芬就这样定格在我们所有人的脑际。

似乎应了那句老话，"天将降大任于斯人也，必先苦其心志，劳其筋骨，饿其体肤"，伟人的命运不约而同的坎坷不平，贝多芬尤其如此。在他春风得意的时候，却遭遇了失聪的致命打击。不可思议的是，失聪后的贝多芬却创造了比失聪前更多、更经典的作品，也赢得了更多的崇敬。他一生创作了大量作品，包括九部交响曲、32部钢琴奏鸣曲、5部钢琴协奏曲、十部钢琴小提琴奏鸣曲、一系列弦乐四重奏曲、声乐曲、剧乐曲以及许多其他乐曲，其中最著名是他的交响曲。与他众多的乐曲数量想比，他完美丰富的想像，奔放热烈的情感与扣人心弦的演奏才是最打动人心的。

阿姆斯特丹音乐厅

什么是交响乐？与人们通常的理解有些不同，交响乐不是一种特定的体裁名称，而是一类器乐体裁的总称，主要有交响曲、协奏曲、乐队组曲、序曲和交响诗五类。其演奏规模之宏大，内涵之深刻，结构之严谨，表现形式之丰富，是它经久不衰、深受喜爱的最好明证。在人类灿若星河的历史长河中，交响乐就像一颗明珠，在时代的洗礼下，日益绽放出耀眼的光芒。

不管是自愿还是被迫，交响乐一诞生就被刻上了鲜明而深刻的时代烙印。在遥远的古希腊，它代表着"和音"和"和谐"，而到了古罗马时期，它就成了一切器乐合奏曲和重奏曲的代称。在15~16世纪的欧洲大地上，交响乐则因声势浩大的文艺复兴运动，被赋予了更深层的含义，它被当成一切和声性质的、多音响器乐曲的标志。到了巴洛克音乐时期，时代又赋予了交响乐新的内涵，它成了歌剧、神剧和清唱剧等作品中的序曲及间奏曲的代名词。

波士顿交响音乐厅

当岁月的时针指向了18世纪，这一时期的音乐艺术在欧洲这片肥沃的土壤上绽放出了绚烂的花朵，汇入欧洲产业革命的滚滚洪流中。音乐艺术在不断的平民化和社会化的过程中，逐渐找到了更广阔的生存空间，并初步形成了自己的规模和形式，以一种独立、崭新的艺术形式，奠定了自己在世界音乐之林中的地位。当时的意大利歌剧序曲，形成了"快－慢－快"三个段落，这就是古典交响乐的基本雏形。

岁月的流逝，不仅在交响乐上留下了深深的烙印，更为它注入了新的活力。转眼到了18世纪中叶，在德国曼海姆（德国南部的文化中心）乐派作曲家们积极而富有创新性的努力创作下，交响乐的基本形式得到了进一步完善。当奥地利作曲家蒙恩第一次在慢板乐章和快板乐章之间，加进了小步舞曲（法国一种三拍子的舞曲）乐章（第三乐章），从而使原有的三个乐章变成四个乐章时，引起了人们强烈的反响，作曲家们开始为改变音乐形式方面作更深层的思考，这渐渐演变成古典交响乐的固定形式。

但这种固定只是相对的，交响曲的乐章构成和快慢乐章的对比并不是一成不变的。一直到18世纪中后期，由于维也纳古典乐派的兴起及一些天才作曲家的伟大创作，交响乐进入了全面成熟的阶段。"交响乐之父"海顿是这一时期最著名的代表，他完整而严谨地确立了交响乐的形式和规模。

纽约卡耐基音乐厅

后来，莫扎特和贝多芬继承海顿之衣钵，将维也纳乐派和古典主义推向顶峰，也使交响乐进入了自己的黄金时期。贝多芬更上一层楼，把交响乐的内涵和思想性发展到了一个新的境界，从而形成了现代意义上的交响乐，而他的创作被认为是交响乐发展史上的一个重要里程碑。在不断的音乐创作中，贝多芬最终完善了交响乐队的形式和编制。

对交响乐而言，乐队的好坏直接影响到交响乐表达的情感和演奏的感染力；对国家而言，每个国家乃至每个城市都以拥有一支演技精湛的交响乐队而感到自豪；而对一个出色的交响乐队而言，一个优秀的指挥家则显得至关重要。

指挥作为一门高深的艺术，虽然只有近百年的发展历史，却一直被公认为是一门最全面的音乐表演艺术，而指挥家就是这门高深艺术的领头羊。一个出色的乐队指挥家，能在作曲家、音乐与听众之间搭建一座心灵沟通的桥梁，用作曲家深厚的感情去感动人，拨动观众心灵最深处的那根琴弦，奏出最美丽动听的音符。

莫斯科大剧院

历史翻开了19世纪新的一页，浪漫主义的种子开始在音乐领域各个角落落地生根，交响乐幸运地得到了众多音乐家的青睐。在交响乐中，音乐家们找到了最适合抒情达意的音乐形式，因而注入了更多或浪漫、或悲怆、或欢悦的真挚情感，大大丰富了交响乐的内涵。这一时期，涌现了一些交响乐大师，如芬兰的西贝柳斯、捷克的雅那契克、俄罗斯的格拉祖诺夫和拉赫玛尼诺夫等，他们对世界交响音乐艺术的发展功不可没。

在交响乐漫长的发展历程中，19世纪和20世纪相交之际可谓是一个黄金时期。这一时期，源源不断的新思想的出现，引起了音乐领域里的一场深刻变革，为20世纪五花八门的交响乐奠定了基础，作曲家如雨后春笋般涌现出来。其中影响最大的有俄国作曲家普罗柯菲耶夫、英国作曲家布里顿、匈牙利作曲家巴托克等等，他们所创作的作品体裁新颖、内容丰富，大大丰富了世界交响音乐宝库，成为20世纪交响音乐创作中的经典之作。在此期间，浪漫主义音乐的交响乐队的编制和组合形式又进一步完善，时代赋予了交响乐队更新的生命价值。

米兰斯卡拉歌剧院

历史的年轮一刻也没有停止转动，同样，交响乐也从来没有停止发展的步伐，被融入了更多新元素。如今，交响乐以更加自由的形式、更加丰富的色彩，以及更加多样的表现技巧影响着更多的人，愉悦着更多的人，感动着更多的人。

正在演奏的柏林爱乐乐团。卡拉扬1955年任柏林爱乐乐团终身常任指挥。

卡拉扬

Herbert Karajan 1908—1989

"我发现了一个具有震撼力的指挥，他的音乐思想必将影响到后半个世纪。"

在看过赫伯特·冯·卡拉扬的指挥后，意大利著名指挥家维克多·德·萨巴塔说出了这样的话，事实证明他是正确的。

2008年是奥地利著名指挥家卡拉扬诞辰100周年，也被音乐界命名为卡拉扬年，在这位"指挥皇帝"去世19年后的日子里，全世界仍在深切地缅怀他。

卡拉扬出生于音乐圣地奥地利的萨尔茨堡，那同样是莫扎特的故乡。他的父亲是个业余音乐家，曾在莫扎特管弦乐团里演奏单簧管，母亲是一个瓦格纳迷。卡拉扬同样具有音乐"神童"的天赋，5岁就掌握了惊人的钢琴演奏技巧，轰动了整个萨尔茨堡。

自少年时代卡拉扬就学习指挥，1927年在乌尔姆歌剧院初次登台指挥，接着又在亚琛歌剧院、柏林歌剧院指挥过。1947年，卡拉扬担任维也纳爱乐乐团指挥，此后又先后兼任米兰斯卡拉歌剧院常任指挥，以及伦敦爱乐乐团常任指挥。1955年，他成为柏林爱乐乐团的终身常任指挥，成为真正的欧洲音乐总指导。

这位著名指挥家的指挥气势十分宏伟，技术精湛，热情奔放，对乐曲处理细腻精致，与乐队配合得水乳交融。他的独特之处在于，指挥时不看乐谱，如他自己所说"乐谱是我和乐队之间的隔膜，它会影响我专注于音乐本身，熟悉了谱子之后，我就尽量把所读的东西抛开，因为眼见的东西和耳听的东西是两回事。"

卡拉扬精通指挥艺术，他知道应该怎样与歌手合作。他的指挥技巧很奇特，在指挥时，要乐队的乐手们互相倾听。他那准确的惊人的指挥技巧与指挥风格深刻影响了后来的指挥家。卡拉扬长期指挥的柏林爱乐乐团，在世界音乐界首屈一指，只有维也纳爱乐乐团可与其相媲美。

指挥中的卡拉场

卡拉扬的传奇始终和柏林爱乐乐团不可分割，两者的名字已融为一体。1995年，卡拉扬受聘为柏林爱乐乐团的终身指挥，也正是他把爱乐乐团打造成了世界上最著名的乐团之一。柏林爱乐的演奏具有奇异的"卡拉扬音响"，这很大程度上得益于卡拉扬的努力，而卡拉扬也正是在这里成就了自己的辉煌事业。

对于贝多芬、勃拉姆斯和理查·施特劳斯等人的作品，卡拉扬的指挥是出类拔萃的。比如，他曾出色的指挥过贝多芬的《第九交响曲》，莫扎特的《第三十九交响曲》、《加冕弥撒曲》，勃拉姆斯的《第一交响曲》和德沃夏克的《第九交响曲》。他一生指挥了无数场音乐会，录制了700余盘（张）磁带（唱片），他指挥的古典音乐作品创下了世界畅销纪录。

20世纪成就卓越的音乐指挥家，非卡拉扬莫属。由于他具有惊人的指挥技巧、超常的音乐天赋和不可思议的统帅乐团的魅力，被誉为20世纪下半叶欧洲的音乐总监、国际乐坛的泰斗。他毕生追求的完美音乐，是一种纯净得没有任何杂音的天籁之声。这种追求完美的精神至今仍然影响着不同国家音乐人，也因此被誉为世界音乐指挥界"象牙塔顶端的宝石"。

【柏林爱乐乐团】

柏林爱乐乐团创立于1882年，是德国的音乐表演团体，团员都是来自德国和世界各国的出类拔萃的演奏家，具有高超的演奏水平。该乐团演奏传统风格的作品得心应手，尤其是德、奥作曲家的作品，更是首屈一指。卡拉扬担任指挥后，乐团经过他的严格训练，在世界各地演出了大量古典和近代的音乐作品，赢得了很高的国际声誉。

正在指挥的索尔蒂，他是本世纪最有才气的指挥家及欧美音乐文化领导人之一。

索尔蒂

Georg Solti 1912-1997

"他对音乐有着一种非常直接的概念，特别是那种有血有肉的音乐，这是他的艺术倾向之所在。他从不追求过分的精细，也不以故弄玄虚的效果来哗众取宠，他指挥的音乐具有一种直接而又清晰的线条。"这是著名音乐家勋伯格对指挥家索尔蒂的赞誉。能获得勋伯格如此赞誉的指挥家寥寥无几。

为了表彰索尔蒂对英国音乐艺术所作的突出贡献，英国女皇伊丽莎白二世1972年加封他为爵士，使他获得了艺术家的无上殊荣。

索尔蒂是英籍匈牙利指挥家，生于匈牙利的布达佩斯。索尔蒂天生听觉灵敏，父母发现他的优势后让他学习钢琴。1925 年，他进入匈牙利最著名的布达佩斯李斯特音乐学院，跟随作曲家多纳伊、柯达伊和巴托克学习钢琴和作曲。一次偶然的机会，他观看了埃里希·克莱伯指挥的音乐会，从此便迷恋上了指挥。

为了实现梦想，索尔蒂曾跑到瑞士向魏因加特纳请教指挥法。工夫不负有心人，最终他取得成功，并被公认为是 20 世纪最伟大的指挥家之一。但在二战期间，他却不得不为自己犹太人的身份避居到瑞士。在那里，他赢得日内瓦国际钢琴大赛首奖，被 DECCA 公司发现后与之签订了钢琴合约。

索尔蒂指挥作品《尼伯龙根的指环》的专辑封面。

1946 年，索尔蒂成为慕尼黑国立歌剧院的艺术指导，他成功地指挥了贝多芬的歌剧《菲岱里奥》，从此开始真正的指挥生涯。1958 年，索尔蒂在维也纳成功地指挥了维也纳爱乐乐团，并灌录了瓦格纳的巨作《尼伯龙根的指环》。1967 年，他开始指挥交响乐，之后曾担任很多名乐队的指挥，包括法国巴黎管弦乐团、伦敦爱乐乐团、芝加哥交响乐团。

索尔蒂对歌剧和交响乐有着极为精湛的演绎能力，指挥的作品涉及的范围非常广泛，并且极富自己的个性和风格。他的指挥直率、鲜明、精确而专注，气势宏大又充满了情感。在处理音乐上，既注重规模和整体结构，又赋予它们激情与色彩。他能巧妙地处理音乐的旋律线条、节奏特点，以及声框架和对位手法等诸方面因素。他以指挥贝多芬的交响曲、斯特拉文斯基的《春之祭》著称。

索尔蒂被认为是 20 世纪最有才气的指挥家，一生获得众多殊荣如：两度获得格莱梅最佳歌剧奖、皇家爱乐乐团金奖等奖项。他还为后世留下 250 多张伟大的唱片——包括 45 部完整的歌剧。

索尔蒂性格傲慢而且专横，性情暴躁，但他坚强而毫不气馁的特性，使他被认为是最后一个超越生命的指挥家。他有力、激动的个性铸就了音乐的精髓，并以自己高超的技艺驾驭了所有演员和音乐人投入演出。

小泽征尔与WCRB总经理理查德·凯耶在一起。

小泽征尔

Seiji Ozawa 1935-

在中国,也许再没有任何一位外籍音乐家比小泽征尔获得更多的敬意,中国观众敬仰小泽征尔,是因为他的清醒、悲悯和责任感。

小泽征尔是日本著名指挥家,后加入美国籍。他1935年生于沈阳,6岁时随父母回到日本东京,7岁开始学钢琴,导师是日本著名钢琴家丰增升。16岁时,小泽征尔以优秀的成绩考进东京桐朋学院音乐系,主修作曲,后来对指挥发生浓厚兴趣,开始涉猎指挥领域。

使他初露头角的,是第一次正式登台指挥NHK交响乐团,演出了莫扎特的交响曲。之后他去了欧洲,在巴黎跟随指挥家比戈特学习指挥。1959年,一次偶然的机会,小泽征尔参加了第九届法国贝桑松国际指挥大赛,并取得第一名,轰动乐坛。第二年,小泽征尔去美国波士顿,参加唐格伍德夏季音乐节指挥会演,荣获库塞维茨基大奖。接着,荣幸成为波士顿交响乐团首席指挥明希的学生。

仅仅半年后,他又在国际卡拉扬指挥比赛中获第一名,并跟随卡拉扬学习了8个月。1961年,小泽征尔在巴黎第一次指挥法国国家广播爱乐乐团演出,这次他遇到了自己的第三位顶级导师——伯恩斯坦。

小泽征尔指挥过众多知名乐团,包括纽约爱乐乐团。1970年,他

小泽征尔

任旧金山交响乐团常任指挥和音乐指导,并与波士顿交响乐团签订终身音乐指导兼指挥,同时兼任日本爱乐乐团的首席指挥。2002年7月,他从波士顿交响乐团音乐总监的职位上光荣卸任,后担任维也纳国家歌剧院的音乐总监,增强了在国际乐坛上的影响力和威望。

2002年维也纳新年音乐会,小泽征尔成为继梅塔之后第二个登台指挥的东方人,那个夜晚世界把目光投向了他,执棒维也纳新年音乐会,让世人再次看到了小泽征尔的风采。在神圣的音乐盛典上,他深情的用汉语向世界问候"新年好",这也是维也纳新年音乐会第一次用汉语问候全世界。执棒2002年维也纳新年音乐会,给小泽征尔指挥生涯留下浓墨重彩的一笔。

在20世纪指挥家的舞台上,"世界三大东方指挥家"——日本的小泽征尔、印度的梅塔和新加坡的朱晖是最引人注目。作为著名大师明希、卡拉扬、伯恩斯坦的得意门生,小泽征尔经过不懈努力,最终跻身世界最优秀的指挥家行列。在波士顿交响乐团26年的指挥生涯中,小泽征尔创造了古典乐坛的奇迹,也使该乐团成为国际上最优秀的交响乐团之一。

小泽征尔的指挥风格:热情洋溢、豪放激昂、挥洒遒劲。同时又能恰如其分地控制速度和力度的变化。他对音乐作品的风格、节奏都能准确把握,具有惊人的音乐记忆力和令人钦佩的音乐魅力。带有表情的目光和"会说话"的双臂总能确切地表达他的思想,其音乐表现意图十分明确。

这位世界级指挥大师曾担任许多世界顶尖歌剧院的首席指挥,曾带领全球顶尖歌剧院创造许多音乐佳话,经久不衰的歌剧《费加罗的婚礼》一直是乐迷津津乐道的,在这个音乐会形式演出的歌剧中,大师风采、黄金音色与歌剧的完美结合令人叹为观止。

与中国音乐界交往密切的小泽征尔,曾先后七次访华,他对中国的音乐及音乐家,十分欣赏和尊重,还指挥演出过琵琶协奏曲《草原小姐妹》、弦乐曲《二泉映月》和《白毛女》组曲,他热情的指挥风格,强烈地感染着中国观众,每一次到来都掀起国内交响乐热潮。

小泽征尔是全世界最有名望的指挥家之一,在国际乐坛享有至尊的地位。

小泽征尔的指挥风采。他的指挥风格非常热烈生动,其中的变化也十分的丰富,充满着生气、激情和强烈的感染力,是一位善于准确地把握和理解各种不同风格作品的指挥家。

维也纳国家歌剧院是世界上最著名的歌剧院之一,也是"音乐之都"维也纳的主要象征,素有"世界歌剧中心"之称,祖宾·梅塔曾多次在此指挥过演出。

祖宾·梅塔
Zubin Mehta 1936-

他曾四度执棒维也纳新年音乐会,在蒙特利尔、大都会歌剧院、维也纳国立歌剧院、巴伐利亚国家歌剧院、伦敦皇家歌剧院、柯文特花园等处,都曾出现过他指挥的身影,他就是著名指挥家、当今世界乐坛"亚洲三杰"之一——祖宾·梅塔。

祖宾·梅塔是印度籍犹太人指挥家,1936年出生在印度孟买一个音乐世家,父亲是孟买交响乐团的创建人之一和常任指挥。梅塔自幼受到家庭音乐环境的熏陶,7岁开始跟父亲学小提琴和钢琴,并在学校管弦乐队担任低音提琴手。9岁时,他随父亲到纽约拜美国著名小提琴家加拉米安为师。1954年,他赴奥地利留学,进入维也纳音乐学院,随匈牙利指挥家斯瓦洛夫斯基学指挥。在学院里,除指挥外,他还学

【维也纳新年音乐会】

它是世界音乐生活的一件音乐盛事,于每年的1月1日在维也纳金色大厅举行,由维也纳爱乐乐团演奏。这个音乐会的最初宗旨是展示与推广施特劳斯家族的音乐作品,直到今天,音乐会的曲目还是以施特劳斯家族成员的作品为主,也会穿插一些其他作曲家的舞曲或进行曲,梅塔曾四次执棒维也纳新年音乐会。

习钢琴、作曲和低音提琴,到 1957 年,获得指挥学位。

在音乐之都,刚出道的梅塔指挥的第一部歌剧是贝多芬的《费岱里奥》,接着是理查·施特劳斯的《莎乐美》、《玫瑰骑士》等。他得到克莱伯、赖纳、卡拉扬、库贝利克和瓦尔特等多名指挥大师的指导,学会了"维也纳式的声音"。

1958 年,梅塔荣获英国利物浦国际指挥家比赛二等奖,后被聘为利物浦爱乐乐团助理指挥,成为公认的杰出青年指挥家。翌年,他首次指挥维也纳爱乐乐团,成为乐团历史上最年青的指挥家。1960 年,他先后和纽约爱乐乐团、费城乐团和蒙特利尔交响乐团合作。1962 年到 1978 年,他担任洛杉矶爱乐乐团音乐总监,其间,他还成为了以色列爱乐乐团的音乐顾问。

和平的使者——以色列爱乐乐团,由杰出小提琴家布龙夫·胡贝尔曼创建于 1936 年的以色列,被认为是"当今世界最好的十大交响乐团之一",是"以色列最宝贵的文化财富"。梅塔任其总指挥时,二者"天作之合"的演出获得很高的国际声誉。

梅塔是世界上屈指可数的著名的亚洲籍指挥家,他与日本的小泽征尔和新加坡的朱晖同被人们誉为"东方鼎足而立的当代三大指挥家"。他的指挥风格既有富特文格勒的气质、托斯卡尼尼的热情,又有瓦尔特的浪漫、卡拉扬的流畅,更有他自己的豪爽、兼收并蓄;他博采众长,集各方大师之特色于一身,糅成自己的指挥风格。他最擅长指挥后期浪漫派作曲家布鲁克纳、马勒、施特劳斯等人的作品,也热心指挥现代音乐。

卓越的指挥才华使梅塔获得世界乐迷的欢迎,他用指挥棒带出华丽无比的音色,其境界已达到出神入化的程度。他还是一位人道主义者,十分关心人类和平,1998 年中国洪灾时期,梅塔带领《图兰多》原班人马在人民大会堂赈灾义演,这让中国乐迷难以忘怀。2004 年梅塔饱含着对印尼海啸遇难者的深切同情,再次深情演出。

1961 年,梅塔和维也纳结缘,曾多次指挥维也纳新年音乐会,双方之间有着深厚的情感。为此,2001 年 3 月 26 日,维也纳爱乐授予梅塔荣誉会员,表达对他的感念与崇敬。2007 年 1 月 1 日,梅塔第四次指挥了维也纳新年音乐会,2007 年初,他还接受了美国肯尼迪艺术中心的荣誉勋章。

1968 年 1 月 19 日,年轻的祖宾·梅塔登上了《时代周刊》的封面,而对他的专访标题则是:指挥家祖宾梅塔——请将接力棒传递给年轻人。

图为梅塔击打印度民间乐器。他能把各国作曲家的作品化为己用,然后又把音乐作为一种国际的语言,生动地表现出来,这就鲜明地显示出他的独特的指挥风格。

169

导读 器乐和声乐

管风琴

钢琴

你知道意大利作曲家贝内狄克特的声乐变奏曲《威尼斯狂欢节》吗?那轻巧灵活的女高音、丰富绚烂的色彩、华丽欢快的节奏,让人们不知不觉地被音乐本身的欢乐、热烈的强烈情感深深吸引,身临其境一般,如痴如醉!

声乐究竟是什么,它为什么有如此之大的魅力呢?

从总体上来说,音乐作品可以分为器乐、声乐、戏剧音乐三类,其中,戏剧音乐的音乐部分也归于器乐和声乐的范畴,通常被并入器乐和声乐中。

器乐是一种以乐器为物质基础,借助乐器,并灵活运用演奏技巧来表现一定情绪与意境的音乐作品。其乐曲曲名、曲体结构、演奏方式各式各样,基本上可以分为两三大类,如标题音乐与无标题音乐,室内乐与交响音乐,单声音乐和多声音乐,其中多声音乐又可分为复调音乐和主调音乐。以上音乐类型形式各异,各有特色。

在器乐中,乐器独领风骚,地位非凡。与器乐所不同的是,声乐更注重挖掘人声的潜质和感染力。声乐是一种人声演唱的音乐形式,包括美声唱法、民族唱法和通俗唱法,最近中国又出现了一种全新的演绎方法叫原生态唱法。我们通常所说的声乐是狭义的,指美声唱法。按照音域的高低和音色的差异,声乐可以分为女高音、女中音、女低音和男高音、男中音、男低音,等等。

吉他

在人类声乐艺术发展的历史长河中,Bel Canto(在我国译为"美声唱法")是最重要的发展主线。百年岁月沧桑,在美声唱法上烙下了深深的印迹,并赋予了它深刻的内涵。作为一种科学的发声方法,美声唱法还代表着歌剧发展中的一个重要的历史时代、一种独特的音乐风格、一种全新的歌唱风格和一种有效的发声训练方法,被视为"美声学派"。就是这种特有而迷人的魅力,使它如常青树般屹立于音乐舞台。

如同一颗耀眼夺目的珍珠来之不易一般,美声唱法的发展道路并不是一帆风顺的。自产生以来,它是在不断的考验和磨炼中,才逐渐形成了一整套完整、系统而科学的发声方法和演唱风格。

圆号

时间追溯到中世纪即古罗马帝国统治整个欧洲时期之前,欧洲的空气中到处弥漫着黑暗、专制的分子,声乐不仅形式简单、单调,还受到严格的诗歌韵律的支配,主要用独唱、齐唱、领唱、说唱和吟唱等歌唱形式来表情达意。这一时期,以盲人诗作者荷马创作的《伊利亚特》、《奥德赛》最为著名。他以说唱的方式演唱,从而形成了声乐最初的表现形式。

这一时期,在教会教义长期专制的统治下,歌唱悲惨地沦为各种宗教的附属品。古罗马帝国的扩张，为音乐世界添加了新的因素，注入了新的活力，许多来自世界各地的优秀艺人源源不断来到罗马，并带来了丰富的音乐文化，罗马理所当然地成了当时欧洲最大的音乐中心。

为加强专制统治，罗马教皇于公元590年颁布了《唱经本》，即著名的《格里高利圣咏》，这便是美声唱法的萌芽。圣咏要求的是庄严、肃穆的演唱形式，以配合教堂的氛围，因而形式单调，令人乏味。随着时间的流逝，圣咏原有的单调乏味经过了一番脱胎换骨的蜕变后，找到了新的、更好的出路，一时间，大街小巷，万人传唱。

竖琴

随着社会经济的发展，圣咏音乐的流行，欧洲城市出现了所谓的宗教音乐，要求人们用音乐来表达生活和世俗的情感。后来一些音乐爱好者对这种虚伪肤浅的宗教音乐做了大胆的改革，虽然还没有完全褪去宗教的浓厚色彩，但已经算是很大的突破了，游吟歌手、恋诗歌手、民歌手等专业的歌唱者相继诞生。

当简单的歌唱形式已经无法表现人们强烈复杂的感情时，一场音乐领域的改革势在必行。从13世纪开始，欧洲音乐逐步摒弃了单声部而进入复调音乐时期，声乐演唱也自然而然地成为多声部合唱形式，分女高音和女低音，圣咏音乐则由男高音担任，而后又加入了男低音声部。在那个男尊女卑的年代，妇女在教堂中只能保持缄默，因此演唱中的女声均由男童声代替。为演绎最悦耳、动听的歌声，这些男童被阉割，即"阉人歌手"。

大鼓

"阉人歌手"的出现，在欧洲声乐艺术发展史上具有划时代的意义，奠定了"美声唱法"的基础，并在某种程度上推动了歌剧的产生与发展。对美声唱法而言，"阉人歌手"盛极的时代便是其发展的黄金时代。"阉人歌手"盛行于欧洲近两个世纪之久，孕育了许多著名阉人歌唱家，其中意大利歌唱家法瑞奈里和卡法瑞里可以说是阉人歌手盛行时期的典范。他们的演唱优美动听，技巧出神入化，将欧洲的声乐水平推向了更高的境界。直到18世纪末19世纪初，这种被人们斥为"不人道"的歌唱现象才被废除，"阉人歌手"开始走向衰落。

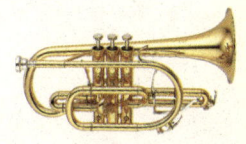

小号

除"阉人歌手"外，歌剧的诞生与发展以一种更符合歌唱艺术发展的文化层面促使了美声的发展。伟大的文艺复兴催生了歌剧的创作风暴，当时一些作曲家大胆地尝试在歌剧中效仿希腊悲剧的朗诵调，采用大自然的声音，由各角色来演唱自己的段落，即宣叙调演唱形式。为了使宣叙调的演唱达到古希腊人在广场上演悲剧朗诵时的那种震撼感人的声音效果，一种气息充足、音质丰厚洪亮且咬字清晰并富于穿透力的声音应运而生，它就是美声。

无论是器乐，还是声乐，音乐在愉悦、感动着我们的心扉，同时也促使我们去追求更深层次的精神享受，去净化我们的心灵，美化我们的世界，让爱的花朵绽放得更加灿烂、芬芳。

留声机

赛萨尔·弗兰克
Cesar Franck 1822–1890

大凡在音乐上成就一番事业的人，无不从小付出艰辛的努力，法国著名作曲家、管风琴演奏家赛萨尔·弗兰克也是其中之一。

弗兰克于1822年出生在比利时，曾在列日音乐学校学习音乐，14岁时随家人迁居巴黎，后进入巴黎音乐学院学习作曲和钢琴。20岁时，弗兰克开始了自己的演奏家生涯，同时兼顾作曲和教学。遗憾的是，他的早期作品大多数没有流传下来。

像很多音乐家一样，弗兰克的生活也十分清苦，但他将生活安排得紧张而有规律。1858年，他到教堂做了管风琴手，这成为他的工作和兴趣的聚焦点，于是，宗教仪式音乐和管风琴音乐成为他创作的重点。之后，弗兰克到巴黎音乐学院担任了管风琴班教授。

经过多年探索，弗兰克在生命的最后几年，又完成多部颇有影响力的作品，比如《d小调交响曲》、《A大调小提琴奏鸣曲》、《D大调弦乐四重奏》。这些作品集中体现了弗兰克的创作风格，旋律非凡，表现力深刻，和声新奇，结构协调，特别是"循环形式"的出色运用，可以说是他的独创。弗兰克在将近30岁时才开始对管风琴感兴趣，但是却成为这个领域的佼佼者，尤其擅长教堂音乐与即兴式音乐，甚至被认为是当时最伟大的即兴演奏家。

弗兰克是罗曼·罗兰最推崇的法国音乐家，曾得到罗曼·罗兰这样的评价："没有一个名字比这个伟大而心地忠厚的名字更纯洁的了，这是一颗毫无瑕疵的光彩夺目的心灵。"

1890年，被推崇为法国新兴乐派领袖人物的弗兰克，不幸被马车撞到，从此，健康每况愈下，并于1890年11月8日去世。

赛萨尔·弗兰克的盛名不仅来自他的创作能力和演奏技巧，更来自他在音乐教育方面的巨大成就，他的学生有杜帕克和德彪西等，他和他的学生一起，影响了19世纪末的整个古典音乐。

安东·布鲁克纳
Anton Bruckner 1824—1896

安东·布鲁克纳是奥地利作曲家、管风琴家、浪漫乐派的代表人物。他从小喜欢音乐,并接受了完整的音乐教育,但他的主要作品却都是在 40 岁以后完成的,属于大器晚成的作曲家。

布鲁克纳生活的时代是一个音乐家辈出的时代,斯美塔那与他出生在同一年,瓦格纳仅比他大 11 岁,而稍后的勃拉姆斯则小他 11 岁。在同时代的音乐家中,布鲁克纳非常崇拜瓦格纳,并将自己的第三交响曲献给他。

1824 年,布鲁克纳出生在奥地利的安斯斐尔登,11 岁开始学习风琴和乐理知识,成年后在教堂担任管风琴师。值得注意的是,布鲁克纳同时是一个虔诚的天主教徒,这使他的音乐充满了祈祷与冥想的意境,以及对宁静宗教生活的向往。所以当时有"马勒的音乐是世俗的,布鲁克纳的音乐是宗教的。"说法。

在音乐风格上,布鲁克纳堪称最伟大的旋律作曲家之一,他的音乐旋律有广阔的意境。从《第七交响曲》开头较长主题的典雅温馨,到《第四交响曲》中的乡村圆舞曲的质朴优美,无不显示出多姿多彩的旋律风格。

布鲁克纳一共作有 10 部交响曲,其中以第四交响曲《浪漫主义》和《第七交响曲》最为著名。同样的,对宗教的追求和信仰,在他的交响曲中也有明显体现,浓重的宗教色彩和显著的管风琴音响效果,都融入唯美的音乐形式中。此外,布鲁克纳还作有 5 部弥撒曲、1 部安魂曲、2 首室内乐,以及一些宗教音乐。

1896 年,72 岁的布鲁克纳去世,之后有一段时期,他的作品一度受到冷落。但是近年来,布鲁克纳的交响乐又重新奏响在音乐大厅,并日益引人注目。

图为安东·布鲁克纳。布鲁克纳是虔诚的天主教徒,作品多具有深邃的哲理性和沉思气氛,他的宗教音乐作品被誉为奥地利教会音乐的典范。

【长号】

长号也称为伸缩喇叭，是深受人们喜爱的乐器之一。长号的音响既适于古老的教堂音乐，也应用于现代交响乐、管乐吹奏乐和爵士乐中。长号是在交响乐队最早确立的管乐器之一，音域宽广，音色庄严，表达能力强，成为音乐会中不可或缺的乐器，长号堪称是经久不衰的乐器。

威伯恩
Anton Webern 1883-1945

在20世纪的音乐界，有一个新生的音乐流派引起了人们的广泛关注，那就是表现主义乐派。对该乐派影响最大有三位作曲家，他们是勋伯格和他的两个学生贝尔格和威伯恩。勋伯格是该乐派的奠基者，贝尔格继续推动其发展，而威伯恩的功绩则在于将表现主义风格发展到了极致。

威伯恩出生在1883年，19岁时进入维也纳大学学习音乐，并最终获博士学位。之后，他先后做过剧院指挥、家庭教师、广播电台音乐指导、犹太文化学院教员等工作。他的一生热衷于研究无调性的12音体系，不仅在自己的作品中展现了更加纯熟和彻底的12音作曲法，更为重要的是将此作曲法进一步发展成为"序列音乐"，同时与其他作曲家一起，在旋律、节奏、力度、音色上应用"序列"，终至"整体序列"产生。

威伯恩的作品向来以短小精炼著称，最长的合唱作品也仅有15分钟，而最短的则只有十几秒。他一生共有31部作品，包括弦乐四重奏、室内交响曲、乐队变奏曲，最具代表性的有《钢琴变奏曲》和《六小曲》。

维也纳大学是奥地利历史最悠久的大学，也是德语区国家最古老的大学之一。始成立于1365年，是27位诺贝尔奖获得者的母校。1902年，安东·威伯恩进入维也纳大学学习音乐，并获得博士学位。

帕瓦罗蒂
Luciano Pavarotti 1935-2007

帕瓦罗蒂是意大利著名男高音,被誉为"世界首席男高音"、"高音C之王"。他天生具有无与伦比的嗓音,让世人惊叹为"被上帝吻过的歌喉"。他的名字几乎成了当代男高音的代名词,给世界留下了永远的美妙回响。

帕瓦罗蒂于1935年10月12日,出生在意大利摩德纳市郊一个并不富裕的家庭,父母都酷爱音乐,父亲是颇有名气的业余男高音,这对帕瓦罗蒂来说无疑是得天独厚的有利条件,为他日后成为男高音产生重要影响。

1961年,25岁的帕瓦罗蒂参加在阿基莱·佩里举行的国际声乐比赛,以成功演唱《波希米亚人》主角鲁道夫的咏叹调,获得一等奖,从此开始他光辉灿烂的歌剧生涯。但是他真正成名却是在两年后,当时,帕瓦罗蒂在英国伦敦皇家歌剧院代替大师斯苔芳诺演出,并大获成功,接下来,他顺理成章进入世界顶级的米兰斯卡拉歌剧院,从此成为意大利的著名人物。

然而,他能够成为世界之星,却得益于卡拉扬的提携。1967年,在纪念音乐家托斯卡尼尼诞辰100周年的音乐会上,卡拉扬挑选帕瓦罗蒂担任威尔第《安魂曲》中的独唱。此后,这位歌剧巨星成为活跃于国际舞台上的最佳男高音之一。

帕瓦罗蒂是当今世界三大男高音歌唱家之一,他的天生完美的音色,能在两个八度以上的整个音域里,令所有音都迸射出明亮、剔透的光辉。他音色宽厚,带有强烈的自然美感,嗓音颇具穿透力,也正因如此,他当之无愧的享有"高音c之王"和"世界首席男高音"的美誉。

图为"三高"演唱作品专辑封面。帕瓦罗蒂和多明戈、卡雷拉斯在一起,他们被并称为世界三大男高音歌唱家。

鲁宾斯坦

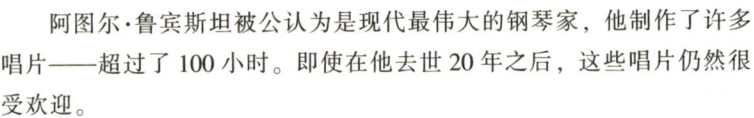

阿图尔·鲁宾斯坦被公认为是现代最伟大的钢琴家,他制作了许多唱片——超过了 100 小时。即使在他去世 20 年之后,这些唱片仍然很受欢迎。

鲁宾斯坦是美籍波兰钢琴家,与肖邦是同乡。他从 7 岁开始学钢琴,13 岁时与柏林爱乐管弦乐团同台演出,其卓越的才华令人啧啧称奇。他的足迹遍布世界各地,曾先后在波兰、德国、英国、美国、西班牙和瑞士等国居住,并获得了各种荣誉。

1916 年,鲁宾斯坦前往西班牙,仅用两年的时间就风靡了整个西班牙乐坛,所开音乐会次数超过 100 场。从那时起,西班牙就成了鲁宾斯坦最喜欢的国家,西班牙乐曲也成为他最拿手的曲目。从 1920 年以后的十年间,鲁宾斯坦跑遍了南美洲各国,后来去了法国巴黎。在那里,他凭借出色的钢琴演奏,再次获得乐迷追捧。

因为二战的原因,鲁宾斯坦举家迁移到新大陆,并于 1946 年成为美国公民。从那时起,他与美国 RCA 唱片公司之间建立了录音合作关系,唱片把他推到了音乐偶像的地位。1977 年,为庆祝他 90 岁诞辰,美国总统福特授予他自由勋章。

鲁宾斯坦的十指异常灵巧,而且有很强的读谱能力。他的演奏充满炽热的情感和充沛的精力,音乐细腻而富于诗意,曲目极为广泛。鲁宾斯坦擅长演奏肖邦和勃拉姆斯的作品,弹奏法国和西班牙作家作品也有其妙处。豁达的人生观和天生适合弹琴的双手,使他获得了非凡的音乐成就,这几项天生具备的条件是别人无法具备的。

无论是演奏肖邦的作品还是莫扎特、贝多芬的曲目,鲁宾斯坦的演奏都带着高贵的气质与男性特有的浪漫。演奏肖邦所表现出的,独特的弹奏技巧,以及他本人所表现出来的浪漫而带有贵族气质的气息,使他的演奏与原作曲家的气质犹如水乳交融,浑然一体。他在一生中,花费了很大的精力录制肖邦的作品,几乎录制了肖邦的全部作品,这些唱片已成为珍贵的文献资料,他也因此被赞为"最正宗的肖邦"。

鲁宾斯坦毕生研究钢琴艺术,直到 1976 年 4 月举行告别演奏会,才正式退出舞台。他主要唱片集有:肖邦 19 首夜曲、肖邦 51 首玛祖卡(全集)、勃拉姆斯第一钢琴协奏曲。鲁宾斯坦的钢琴演奏华丽而不炫耀,不愧为 20 世纪最伟大的钢琴演奏家。

阿图尔·鲁宾斯坦像

【夜曲】

夜曲这种音乐形式,是爱尔兰的音乐家费尔德(Filed 1782—1837)创制的,它的特点是:在低音部和弦伴奏下,高音部奏出夜的寂静,似梦一般优雅的旋律。肖邦的夜曲成就最高。

梅纽因
Yehudi Menuhin 1916-1999

> 【钢琴协奏曲】
>
> 钢琴协奏曲强调钢琴和乐队之间的协作关系，它们之间既有对抗也讲究和谐。一般协奏曲中的矛盾关系表现为音色的对比、旋律的对比、声音强弱的对比、演奏结构的对比等。

"音乐是我的一切，我经常会为每个旋律夜复一夜地伤心流泪，甚至在睡着的时候。"美国作曲家梅纽因曾不无感慨地说。

梅纽因是美国著名的小提琴家，生于美国纽约，父母均为俄国犹太移民，4岁那年，他跟安克尔学小提琴，之后他又师从珀辛格，进步神速。因为他特殊的音乐天赋人们赞誉他是"神童"。

8岁时，梅纽因开了第一次个人演奏会，1929年在柏林演奏厅一口气演奏了巴赫E大调小提琴协奏曲、勃拉姆斯D大调小提琴协奏曲和贝多芬小提琴协奏曲，从此他的名字享誉世界。1937年，他开始作广泛的旅行演出，赢得了世界各地听众的高度赞赏。

梅纽因的演奏主要是古典的大型作品，尤其对巴赫的奏鸣曲有独到的见解，他的演奏风格很独特：音色丰美华丽，雍容高雅、气势如虹并且融入了自己的气质，他还挖掘出音乐的内在精神，使音乐具有恢弘的气势和如火的热情。

此外，他还对人类和平和进步事业极其关怀，二战期间他为盟军、红十字组织、纳粹集中营的幸存者演奏过多场音乐会。他的音乐理念是：音乐应该跨越民族和国界。这些都表现了他博大的胸襟和宽宏的气概。

梅纽因正在演奏小提琴

从60年代之后，梅纽因一度担任英国爱乐乐团、英国管弦乐团、华沙交响乐团、匈牙利爱乐乐团的指挥。开始了他的指挥生涯。

晚年他还致力于音乐教育，1962年在英国创办了培养天才儿童的音乐寄宿学校，1977创办了国际音乐学院，专门培育年轻弦乐演奏人才。他一生培养出很多优秀的小提琴家：如我国著名小提琴家胡坤。

梅纽因正在指挥音乐演出。

他曾应邀来中国演出和讲学，并且担当中央音乐学院名誉教授。他曾为中国选手王晓东和陈立伦伴奏，后两者获得首届梅纽因国际小提琴比赛第一名。这表达了他对中国人民的友谊。

梅纽音成功的诠释了很多小提琴作品，他的创造音符成了赠与人类的厚礼，给人们带来了很多艺术享受。

多明戈与卡雷拉斯、帕瓦罗蒂并称为世界三大男高音。

普拉西多·多明戈

【蓝调】

蓝调音乐形成于美国南部，最初是黑人劳动时呐喊的短曲，蓝调音乐很重视自我情感的宣泄和表达。它的特点是"一呼一应"的形式，而且强调即兴演奏。20世纪20年代时口琴逐渐被用作吹奏蓝调音乐。30年代时很多黑人在芝加哥居住，随即形成芝加哥蓝调。由蓝调发展出许多音乐类型，所以蓝调是现代流行音乐的根源。

多明戈

Placido Domingo 1941—

如今，世界三大男高音已经家喻户晓，因为他们的存在，人们得以享受到听觉上的饕餮大餐，他们的歌唱成为世界音乐界最美妙的回响，普拉西多·多明戈就是其中之一。

多明戈是西班牙籍歌剧演唱家，生于马德里，父母都是西班牙民族歌剧演员。多明戈曾在墨西哥音乐学院接受教育，18岁时进入国家歌剧院，20岁时演唱了《茶花女》中的阿尔弗莱德，从此跨入男高音的行列，并最终与帕瓦罗蒂、卡雷拉斯并称世界三大男高音。

20世纪50年代，多明戈而登上歌剧舞台，曾扮演过意大利很多歌剧和法国歌剧中的主要角色。他适合扮演戏剧中各种类型的人物，嗓音音域宽广，演唱宽厚响亮、坚强有力又充满情感和征服力；他的舞台表演细腻准确，能很好地诠释人物形象，使其既符合剧情的发展又充满了个性，这使他演绎的很多喜剧人物都成为后来者效仿的典范。如《奥赛罗》中的奥赛罗、《阿依达》中的拉达美斯、《茶花女》中的阿尔弗莱德。由于精湛的演绎技巧，他被人们誉为"歌剧之王"。

多明戈于1993年创办了"世界歌剧声乐比赛"，曾在世界多个城市演出，像巴黎、墨西哥城、马德里、东京、汉堡。此外，他还为音乐界挖掘和培养了一批年轻的歌剧人才。

从70年代开始，多明戈致力于将自己的经典歌剧灌制成唱片，进一步推动了歌剧的发展。

卡雷拉斯
Jose Carreras 1946 —

一部音乐作品从创作到搬上舞台，作曲家、词作者、演唱者、配乐等等角色缺一不可，然而在这所有人中，站在舞台上的表演者比其他人更容易获得世人的瞩目。在所有表演者中，有一部分人被人们称为歌唱家，卡雷拉斯就是其中之一。

卡雷拉斯出生在西班牙的巴塞罗那，自幼立志献身音乐事业，在巴塞罗那音乐学院接受教育，师从皮戈教授。一次偶然的机会，他遇到了著名女高音卡巴耶，这成为他一生事业的转折点，之后成为世界著名男高音。1972年，卡雷拉斯以《蝴蝶夫人》得到音乐界的广泛好评。1974年，他在普契尼的歌剧《托斯卡》中演唱卡伐拉多西的角色，引起巨大轰动，使他的事业达到巅峰。

与多明戈和帕瓦罗蒂相比，卡雷拉斯的表现力并不强，但是他对歌剧角色的理解能力很深刻，不仅善于控制剧情而且善于在人物和音乐之间寻找到平衡。他的嗓音流畅抒情、甜润柔美、匀称清晰、自然厚重，任何时候都不肆意放纵，也不恃音凌人。他演唱普契尼的《波西米亚人》、《图兰朵》都给人们留下深刻的印象，而比才的《卡门》和伯恩斯坦的音乐剧《西区故事》也成了他的招牌戏。

1987年夏天，卡雷拉斯被诊断出患有血癌，但是一年后，他奇迹般地战胜了病魔，重新回到了属于他的舞台。为了适应观众的需要，他康复之后灌制了大量唱片，与此同时还与帕瓦罗蒂、多明戈共同组织"世界三大男高音系列音乐会"，他们的演唱轰动了全球。

【电吉他】

电吉他是现代科学技术的产物，它的外形和音响与传统吉他不同。吉他上配有音量、音调调节器和颤音结构等装置。这些效果器能发出丰富多彩的音色，是现代流行音乐及摇滚乐必不可少的乐器。因为有很强的表现力，电吉他在现代音乐中有很重要的位置。

正在演出的卡雷拉斯。1971年卡雷拉斯获得意大利"威尔第声乐大奖"，一跃成为世界顶级的抒情男高音。

导读 现代歌舞剧

《西区故事》

你知道大河之舞吗？它是利落流畅的爱尔兰踢踏舞，还是忧郁热情的西班牙佛朗明哥？是婉约优柔的古典芭蕾，还是动感十足的现代舞？不，都不是，却又都是！在这里，我们可以看到传统爱尔兰民族特色的踢踏舞的影子，可以感受到西班牙佛朗明哥奔放的热情，可以品尝到古典芭蕾的柔美细致，还可以领略到现代舞蹈的魅力精髓，这分明就是一场力感、动感、质感与美感兼具的百老汇音乐歌舞盛宴！

那狂野而富有节奏感的步伐，磅礴大气的情绪表达，形式各异的曲风及乐器，出神入化的歌唱技巧，眼花缭乱的舞台效果，美丽夺目的服装造型，这所有的一切被成功融合并获得新生，碰撞出了惊人的艺术火花，犹如天籁之音，余音绕梁三日不绝！

那么，什么是现代歌舞剧？现代歌舞剧以歌唱和舞蹈为主要艺术表现手段来展现戏剧性的内容，是一门将音乐、戏剧、文学、舞蹈、舞台美术融为一体的综合性表现形式，主要由咏叹调、宣叙调、重唱、合唱、序曲、间奏曲、舞蹈场面等组成（有时也用说白和朗诵）。

《猫》

现代歌剧的起源，可以追溯到德彪西的《佩里亚斯与梅丽桑德》，从各个方面来看，这部戏都已明显带有20世纪歌剧的典型特征，是象征主义流派歌剧的最佳代表。尽管他一生只创作了这一部歌剧，但就是这唯一的一部歌剧，奠定了他"20世纪歌剧第一个巨人"的地位，让我们知道，原来歌剧还能有这样一种写作方式。

那是在19~20世纪之交，一次文艺文学思潮偶然地打开了德彪西的心扉，他很快就被印象主义深深地吸引了。在德彪西的创作中，我们开始看到了印象主义的影子，他由此开始了对世界本质更深层次的思索。无论是在音乐上，还是在艺术理念上，印象主义都与德彪西如影随形。他的音乐，如梦幻般神秘而不可捉摸，在不知不觉中将你引进那个对你而言完全新奇的神秘境界。

与传统歌剧的浪漫主义所不同的是，现代歌剧创意新奇、构思巧妙、真实自然，它强调的是真情实感的流露，是真实主义或自然主义的再现。当岁月大书翻开了20世纪那一页，歌剧已不再是17~18世纪的大众口味的娱乐品种，而更多地被刻上了艺术家的个人追求的鲜明印迹，仅仅属于一个精英主义的小圈子。这就注定了那种质朴、平实的音乐作品的不入流。

《歌剧魅影》

一直以来，现实主义和浪漫主义就"势不两立"，所以当人们认识到现实主义也可以和浪漫主义和平共处，甚至完美融合时，这种不安的惊喜激荡着他们的灵魂，于是造就了比才的《卡门》这部最受欢迎歌剧的出炉。

与浪漫主义冰释前嫌后，现实主义不得不面对与古典主义之间的尴尬关系。对古典主义而言，现实主义的写实、随意都是对生活的敷衍和不负责任，而它自身崇尚的古典婉约才是对歌剧这种音乐的最好诠释。

但无论这种"争辩"的结果如何，可以肯定的是，现实主义、古典主义抑或浪漫主义，都在风云突变的20世纪里被磨去了棱角，各种现代元素鱼龙混杂在歌剧的大熔炉里，成了一锅音乐"大杂烩"，你中有我，我中有你。这一时期，涌现了大批著名作曲家，其中以理查·施特劳斯、普罗科菲耶夫、保罗·杜卡斯等尤为杰出。

2004年12月，《歌剧魅影》首次被搬上荧幕就引起了全世界的震撼与轰动。《歌剧魅影》由安德鲁·洛伊·韦伯作曲，原本是一部百老汇音乐剧，自从1986年首演以来，便在1988年获得了七项托尼奖，是历史上最成功的音乐剧之一。其巧妙新颖的结构、紧张刺激的气氛与演员纯熟的表演配合得天衣无缝，使人如身临其境。

《音乐之声》

《歌剧魅影》之所以在百老汇取得巨大成功，其中，百老汇本身具有的贵族之气也功不可没。百老汇原本只是纽约曼哈顿岛的一条长街，却在20世纪初奇迹般地迅速发展成为风靡全球的大都会。这里有一个亘古不变的传统：只有高雅的音乐剧，才能得到它的青睐。百老汇的表演内容多是经典剧目，情节夸张、风趣幽默、轻松活泼，舞台布置富丽堂皇，再加上各种先进的现代化科技手段，这一切都让舞台表演变幻莫测，热烈感人。

岁月的流逝，足以改变世间万物，但不变的是百老汇对完美艺术的执著追求。百老汇拒绝复制，拒绝平庸，就像电影圈的好莱坞一样，它耗资巨大的制作费、豪华绚烂的舞台、功力深厚的超级明星、通俗易懂的剧情，这一切共同奠定了其音乐剧长盛不衰的地位。对一些慕名去纽约参观的人来说，没看到歌剧便是无功而返。近年来，百老汇上演了许多经典剧目，其中尤以"悲惨世界"、"美女与野兽"、"歌剧魅影"、"西贡小姐"、"国王与我"这些剧目最为著名。有的剧目，甚至一演就是数十年，像著名歌舞剧《猫》，从1982年开始上演到2000年落幕长达18年的时间里，《猫》剧中那句"从现在乃至永远"的广告词，使得纽约财源滚滚。

《红磨坊》

除百老汇外，还有许多著名剧院，如意大利的米兰斯卡拉剧院，曾上演了德彪西的《佩里亚斯与梅丽桑德》、法亚的《短暂的一生》、米约的《大卫》等等巨作；英国伦敦科文特花园皇家歌剧院，在1945年到1975年之间的30年里上演了将近4000部歌剧；被称为瓦格纳音乐迷的"麦加圣地"的德国拜洛伊特瓦格纳节日剧院，理查德·瓦格纳就长眠于此，而举世瞩目的瓦格纳歌剧节也在这里举行，这也正是拜洛伊特这座小城成为全世界音乐生活中的一颗璀璨明珠的唯一一次机会。

令人遗憾的是，20世纪中期以后，现代歌剧就被定格在某一个瞬间，鲜有新作品问世。只有在不断演绎经典的过程中，我们才依稀可以看到它往日的风光与繁华。

《钟楼怪人》

这是安德鲁·韦伯的代表作《猫》演出场景。《猫》1981年在英国伦敦的"新伦敦剧院"首演，曾为音乐剧历史上最卖座的作品。

安德鲁·韦伯

Andrew Webber 1948—

他的身份不仅仅是作曲家，他还创办了欧洲有名的集团：真正好集团。建立这个集团最初的用意只是为了制作自己的作品，但后来也致力于发展和制作其他作者的作品，该集团旗下的真正好剧院是伦敦西区最大的剧院。由于他特殊的贡献，在1992年被授予爵士头衔，不久成为终身贵族，他的名字叫安德鲁·劳伊德·韦伯。

【百老汇】

百老汇的历史是从19世纪初开始的，它的原意是"宽阔的街道"。而现在的百老汇已成为美国戏剧艺术精髓的代名词。百老汇起初分为：内百老汇和外百老汇。内百老汇演出一些经典的曲目，外百老汇以普通剧目为主。经过岁月不断的洗礼，这种分别被慢慢淡化了。

百老汇以黑色作为表演的基调，风格幽默、夸张、轻松、活泼。

韦伯出生在英国，是伟大的音乐剧作曲家。他与其他音乐家一样，从小就显露出他的音乐天赋，7岁就可以独立作曲，但是他的志向却是成为历史学家。由于他的聪慧和勤奋，很早便进入牛津大学，并在16岁时获得奖学金，但这在他的牛津生涯中并不算什么，因为另一件事情更值得一提。他结交了蒂姆·莱斯，并发现蒂姆·莱斯作的词和自己的曲子可以完美的结合在一起，于是他决定退学，这一决定对他的一生产生了重要影响。

3年之后，他就读于皇家音乐学院学

习管弦乐编曲,这时候的他已经能熟练弹奏钢琴等许多乐器。不久,他和莱斯合作的第一部音乐剧《约瑟夫和他的神奇彩衣》诞生了,这部歌剧之后在百老汇和伦敦西区剧院多次上演。

韦伯的创作永远充满了创新和挑战,1969年他创作了具有开创性的作品《耶稣基督巨星》,在这部作品中摇滚风格贯穿全剧,开辟了摇滚音乐剧的先河。后来,他开始转向电影配乐,但这个领域似乎并不能很好的让他展露才华。于是几年后他又重新回归到音乐剧的创作上,并和老搭档莱斯一起创作了音乐剧《埃维塔》,此剧又一次获得很多赞誉,包括纽约戏剧评论界最佳音乐剧奖、7项托尼奖。

1982年,韦伯创作了给他带来世界声誉的音乐剧《猫》,故事改编自童话,其中充满了人间的冷暖和世态炎凉,这部作品成了在百老汇和伦敦西区演出最长的音乐剧。他还尝试着在其他题材领域进行创作,之后侦探题材的剧目《歌剧院幽灵》和具有异国情调的音乐剧《孟买梦》,同样受到观众的好评。

韦伯经典音乐剧还有:《被雇的人》、《把你的嗓音借给我》、《日落大道》、《足尖上》、《戴西的奋斗》、《野兽》。

在韦伯50岁生日时,英国皇家艾伯特音乐厅为他举办了盛大的音乐会,很多著名的音乐剧演员和当时的流行组合都出现在了音乐会上。韦伯成了美国戏剧界最受欢迎和最具影响力的人物,他的音乐剧几乎每一天都在世界各地巡回演出。

1996年,韦伯受邀为巴塞罗那奥运会创作会歌"生命之友"。韦伯是改写音乐剧历史的最伟大的音乐家之一。

1985年韦伯和著名的"月光女神"莎拉·布莱曼结婚,《剧院魅影》成为两人恋爱的艺术结晶,这部歌剧也将莎拉·布莱曼送上歌唱事业的高峰。但是和很多源于艺术的婚姻一样,随着创作进入瓶颈,韦伯和布莱曼的婚姻也宣告结束。

MUSICMASTER 作品赏析 workappreciation

《猫》

《猫》是韦伯根据诗集《老负鼠讲讲世上的猫》而改编的音乐剧。

音乐和舞蹈是音乐剧的支柱,在《猫》这部作品中,音乐和舞蹈都很有特色。在作品中,作曲家用了各种不同的舞蹈来展现猫的个性特征和内心冲突,用踢踏舞来表现轻松活泼、风趣幽默的场面,用芭蕾舞来表现凝重华丽的场景,用爵士舞和现代舞的动感和激情,来表现公猫们的奔放、活力四射。

《猫》中的音乐非常的动人,和舞蹈有着异曲同工的作用,在剧中音乐不仅很好地配合了舞蹈,而且依据身份的不同,环境的不同,同一音乐根据调性和力度的转化达到不同的效果。其主题曲《回忆》成为了经典曲目。

除此之外,《猫》中的舞台设计也很绝妙,在众多的"人物中",服装根据性格而设定,绝不雷同,而且现代的很多科技被用到舞台上,给观众的视觉和听觉造成很大的冲击力。